AF312598

TRAITÉ GÉNÉRAL

DES

PEINTURES

VITRIFIABLES

SUR

PORCELAINE

Dure. — Porcelaine tendre. — Sur émail. — Miniature. —
Émail genre Limousin. — Faïence et sur Verre.
D'après les méthodes les plus perfectionnées
et les plus récentes.

Par DESLOGES

2e édition revue et augmentée

Par GOUPIL

Peintre de figure. Attaché à la *Manufacture Impériale de Sèvres*.

PARIS

ARNAUD DE VRESSE, 55, RUE DE RIVOLI.

1866

Avant-Propos

—

Le jour vient de paraître et l'heure du réveil
Hâte du déjeuner l'élégant appareil ;
Sur l'acajou veiné la porcelaine brille,
L'onctueux cacao qu'embaume la vanille,
Le thé doré remplit des vases précieux.

. . . .

Ici vous apprendrez que l'art industrieux
Du quartz pulvérisé, du gypse, de l'argile
En coupe façonna leur merveille fragile ;
Comment le feu montant et baissant par degré
Durcit dans les fourneaux leur limon épuré,
De quels métaux fondus la pâte blanchissante
Forma d'un riche enduit leur couverte brillante.

Comment du peintre enfin l'ingénieux travail,
Des plus riants tableaux embellit leur émail:
On pense voir des fruits, des fleurs fraîches écloses
Et boire le nectar dans un bouquet de roses.
Ainsi quelques objets qui s'offrent à nos yeux
Tout instruit, tout ravit nos regards curieux
Etoffes, vêtements, tapis, glaces tentures,
Et l'art dans un salon enferma la nature.

Vous que doua le ciel de curiosité
Belles de ces travaux sentez donc la beauté.

DELILLE.
Les Trois Règnes de la Nature.

CE QUE C'EST QUE L'ART CÉRAMIQUE

—

On entend par art céramique l'ensemble des connaissan-
ces relatives à la fabrication de toute espèce de poteries utiles
à l'homme, c'est par conséquent l'un des plus anciens et des
plus variés qu'on connaisse. La céramique est autrement dit
la science du potier. Le but des premiers hommes qui ont fait
des vases avec de l'argile a d'abord été de les rendre imper-
méables à l'eau et capables de résister à l'action énergique
du feu. Aussi les poteries les plus anciennes sont les poteries
de terre à surface mattes, elles sont poreuses, fragiles et **mal**
cuites, pourtant quelques unes telles que les jarres énormes
qui servaient à conserver l'huile et le vin prouvent que les
Romains, par exemple, avaient des moyens assez perfectionnés
pour la cuisson des grandes pièces. L'Etrurie du reste avait
depuis les temps les plus reculés un grand renom pour ses
vases en terre cuite, remarquables par la minceur et la légèreté de la matière autant que par le style particulier de la
décoration artistique. Les Etrusques ne le cédaient qu'aux
Athéniens dans cette industrie, et tout un quartier d'Athènes
n'étant habité que par des potiers portait le nom de *Céramique*.

On parle dans l'histoire d'un plat de turbot de Domitien qui
avait deux mètres, et d'un bouclier de Minerve où le célèbre
Vitellius fit accommoder un plat non moins mémorable de lai-
tances de foies de langues et de cervelles d'animaux rares, il
atteignait à peu près les mêmes dimensions. Alexandre rap-
porta cependant de ses conquêtes de l'Asie l'usage de la vais-
selle plate en or et en argent, que ses successeurs continue-
rent. Mais tandis qu'en occident ce nouveau luxe était intro-

duit et importé d'Asie, une autre extrémité de l'Asie fabriquait déjà des poteries merveilleuses. La Chine avait obvié du premier coup aux inconvénients de la poterie d'Argile.

L'Europe du moyen-âge, après la destruction de l'empire romain, n'arriva que fort tard à perfectionner l'art céramique et à le rendre pratique et vulgaire.

L'invention du vernis de plomb appliqué à la surface des terres, c'est-à-dire l'invention de la faïence date du XIIIe siècle. Elle rendit la poterie d'argile ou de terre cuite, propre à tous les usages. La ville italienne de Faenza se distingua dans ce genre d'industrie, importé, dit-on, des possessions arabes de Maiorque (industria majolica). La glaçure à l'étain y fut l'origine d'un véritable progrès dans la décoration artistique. De là, le nom de Fayence donné aux nouvelles poteries émaillées de Bernard de Palizzi à la fin du XVIe siècle. D'autres personnes dérivent le mot de la petite ville de Fayence près de Fréjus, en France, où l'on a fabriqué des poteries.

L'art de la peinture décorative est né pour ainsi dire, des arts céramiques et l'histoire de la peinture vitrifiable celle de la fabrication du verre et celle de la poterie sont pour ainsi dire les anneaux consécutifs d'une même chaîne immense dont les limites de ce livre ne nous permettent pas d'embrasser l'étendue.

Les fayenceries fondées à Paris par Henri IV, à Nevers, à Brisenbourg, en Saintonge, les perfectionnements et inventions céramiques de Bernard de Palizzi au XVIIe siècle, les fayences fines anglaises perfectionnées depuis par Wedgwood, forment la succession des progrès de l'art devenu aujourd'hui éminemment commercial.

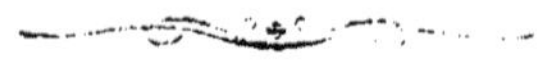

De la Porcelaine, ses caractères, sa fabrication

Pâte dure, Pâte tendre, vieux sèvres, etc., etc., Leurs différentes qualités, etc.

—

La porcelaine qui est connue de tout le monde par son usage général emprunte son nom, dit-on, à un coquillage appelé coquille de Vénus *porcellana*, nom de la Vénus impudique. Les caractères de cette poterie sont la finesse de la pâte, sa translucidité, le brillant et la dureté de son émail ou vernis qu'on appelle glaçure que l'acier n'entame pas.

Il y en a de deux sortes : la dure et la tendre.

La base de la porcelaine dure est le Kaolin, terre argileuse et le pétunsée ou feldspath qu'on remplace quelquefois par un mélange de craie de sable et de feldspath qu'on bat et qu'on laisse ensuite macérer un certain temps. Avec cette pâte on façonne les pièces sur le tour ou par le moulage ; les garnitures, ou les supports sont certains ornements qu'on moule à part et scellés aux pièces avec de la pâte délayée appelée barbotine. On donne alors aux pièces terminées qu'on a préalablement séchées une première cuisson légère qu'on nomme *dégourdi* cette dénomination est synonyme de *biscuit*. Certains ouvrages de porcelaine, surtout des statuettes demeurent à l'état de biscuit blanc et mat : ils se ternissent bientôt, s'ils ne sont placés sous des globes ou vitrines, mais on leur rend facilement toute leur blancheur en les brossant à l'eau de savon. Les pièces destinées au service usuel, après avoir été biscuitées ou dégourdies sont recouvertes d'un vernis, dit émail, ou couverte dont le feldspath forme la base. On les trempe rapidement dans un baquet renfermant l'émail à l'état de pâte très liquide, on fait sécher et elles subissent une seconde cuisson de trente à trente-six heures, pour vitrifier l'émail et former la glaçure. C'est ce qu'on nomme la cuisson au grand feu. Ces diverses opérations exigent les plus grands soins, c'est ce qui rend toujours élevé le prix des belles porcelaines.

On revet ces pièces de divers ornements en couleurs en or, en argent ou en platine qui constituent et concernent l'art du décorateur. On applique les couleurs soit sur pâte soit sur la couverte en les fondant avec celle-ci à la même température qu'elle (c'est-à-dire au grand feu) quand ces couleurs peuvent la supporter ou bien en les faisant adhérer à la couverte à une température moins forte au moyen de ce qu'on nomme des oxydes ou fondants métalliques.

La porcelaine tendre diffère de la dure par sa pâte plus abondante en feldspath et par conséquent plus fusible et par son émail dans lequel il entre de l'oxyde de plomb.

La porcelaine anglaise renferme du phosphate de chaux et de la baryte. Ce qu'on appelait le vieux sèvres était une pâte tendre ayant pour base une marne argileuse calcaire et pour fondant une *fritte* composée de sable siliceux de soude et de nitre. On la reconnait au glacé gras de sa couverte et à la nature de ses ornements. Elle ne va point au feu.

Elle est aussi plus pesante que la porcelaine dure.

Les porcelaines de la Chine sont dures reconnaissables à leur émail bleuâtre et à la nature de leurs ornements. Celles du Japon sont souvent recouvertes d'un émail noir et brillant.

La porcelaine date en Chine et au Japon du 1er siècle avant J.-C. Mais ce n'est que vers 1518 que les portugais l'importèrent en Europe. La porcelaine tendre y est la plus ancienne. Les fabriques de ce genre furent créées en Angleterre puis en France, à Rouen, à St-Cloud, à Chantilly, (1695), à Vincennes, etc.

En 1710 on découvrit le Kaolin en Saxe et l'on fabriqua à Meissen la première vraie porcelaine dure (vieux Saxe) en 1765 la découverte de gisements de Kaolin à Saint-Yrieix près de Limoges permit de fabriquer à Sèvres de la porcelaine dure et depuis cette époque les produits de cet établissement atteignirent une perfection remarquable qui est demeurée typique.

Les collections de poterie anciennes de fayences et de por-

celaines que renferme la galerie de la manufacture impériale
de Sèvres, offrent aux curieux et aux amateurs les plus inté-
ressants spécimens connus dans toutes les branches des arts
céramiques en tous lieux. On y peut suivre tous les progrès
de la fabrication et des arts jusqu'à leurs derniers perfectionnements dans tous les pays.

C'est à l'infatigable persévérance de M. Riocreux, le conservateur, dont la science profonde égale la bienveillance,
qu'on doit le riche développement et la remarquable classifi-
cation de ce musée unique dans le monde des arts. Le maga-
sin des produits céramiques sortis journellement des mains
des artistes attachés à la maison offre également beaucoup
d'intérêt, c'est pour ainsi dire le tableau synoptique des progrès de notre époque.

On y admire de nombreuses copies fort belles d'après les
maîtres anciens, la plupart exécutées sur de grandes plaques
de porcelaine dure fort difficiles à fabriquer. Elles sont dues
aux pinceaux les plus illustres de la peinture céramique, des
Béranger, Jacobbert, Fragonard, Constantin, Develly, Ro-
bert, Schilt père et fils, J. André ; des dames Jacottot, Du-
cluseau, Laurent ,et autres de grand mérite, et resteront
dans l'histoire de l'art, de véritables monuments de patience
et d'études consciencieuse de la palette céramique si difficile
et si dépendante des caprices du feu. Ces tableaux précieux
sont d'une très haute valeur et forment à eux seuls un ensemble des plus remarquables. La direction actuelle de la manufacture impériale, n'emploie plus ses peintres à des travaux
aussi longs, ni aussi dispendieux : elle est dans une voie plus
large et plus décorative où l'art ornemental est lié à tous les
genres de peintures, figures, paysages, fleurs et animaux,
appliqués à des vases aux formes les plus diverses, ainsi
qu'au decor des services de tables princiers ce qui contribue
à la grande variété des objets exposés qui tous, exécutés
avec une égale perfection, maintiennent toujours la valeur
de ces produits à la hauteur de celle des objets d'arts les plus
estimés. L'industrie des vitraux d'églises à été suspendue
en faveur de celle des émaux en tous genres sur fer, cuivre,
or, platine, etc., et du développement de celle de la fayence
artistique pour la décoration extérieure des édifices et des
jardins.

L'ATELIER

ET

L'OUTILLAGE DU PORCELAINIER

La bonne installation de l'artiste comme de l'ouvrier est une condition essentielle à la réussite du travail, nous devons donc y consacrer un article spécial. Un très bon jour est d'abord de première nécessité. Le jour des fenêtres est préférable au jour venant d'en haut.

La table de travail doit pour les décorateurs de pièces usuelles, telles que des assiettes ou soucoupes et petites pièces qu'il faut tenir à la main, être munie d'une planchette dite banquette, large d'environ 15 centimètres, qui est ordinairement adaptée au rebord de la table avec une charnière, lui permettant de se déployer, en continuant le plan de la table du côté droit de façon à servir d'appui au coude et à la main droite, lorsque de la main gauche on tient une assiette ou autre pièce en y plaçant dessous le genou. Cette banquette est autrement dit un appuie-main fixe.

La poussière est l'ennemi de toute peinture et particulièrement de la porcelaine. Les atômes de poussière ne se brûlant pas tous au feu, font quelquefois des dépôts sous la couleur qui la font écailler au feu. Les chiffons plucheux seront évités avec soin pour essuyer les pinceaux ou pour recouvrir des pièces délicates. Des tiroirs sont indispensables et des cases pour loger les paquets de couleurs. Les glaces à broyer et les palettes. On aura pour les couleurs des cartons ou boîtes allongées à compartiments, dans lesquels on les disposera avec ordre, et d'autres compartiments pour les pinceaux qu'on aura toujours soin après le travail de tenir très-propres en les lavant délicatement au savon la couleur durcie dans le pinceau en abrège considérablement la durée. Les glaces à broyer et les molettes exigent également ainsi que les palettes, un lavage scrupuleux à l'alcool.

Les palettes à trous en porcelaine ou en verre, un certain nombre de godets, des carrés de verre épais dit verre double derrière lesquels on colle une feuille de papier blanc pour poser des couleurs en tas, relevées du broyage sur la glace dépolie sont autant d'objets indispensables au laboratoire du porcelainier.

Une tournette pour la peinture des filets d'or, est un meuble indispensable au doreur ou fileur d'assiettes il consiste en une sorte de plateau rond, ordinairement en cuivre, sur lequel sont tracés des cercles concentriques assez nombreux et à égales distances les uns des autres, servant à centrer les assiettes ou pièces rondes qu'on y pose ; il tourne sur un axe ou pivot enclavé dans un pied fixe formant comme un pied de guéridon. On le place à côté de soi ou entre les genoux en se mettant soi-même près de la banquette sur laquelle on s'accoude le bras. La main droite qui tient le pinceau à filer chargé d'or ou de couleur étant bien assujettie et immobile, on donne l'impulsion au plateau qui porte l'assiette ou la pièce, et la pointe du pinceau appuyant plus ou moins sur le bord de la porcelaine y dépose son contenu.

Il faut que l'or soit convenablement liquide et pour ainsi dire à l'état de crème un peu épaisse pour s'employer utilement. On prend de l'or en poudre qu'on délaie au couteau avec une sorte d'huile grasse qu'on nomme mixtion et qui est un mélange de jus d'ail délayé avec du vinaigre.

L'or en poudre est de l'or dissous par l'eau régale.

Les couteaux à palettes sont de trois sortes : en corne, en ivoire ou en os et en acier. Les couteaux en corne ou en ivoire sont préférables en ce qu'ils altèrent moins les couleurs par leur contact. Les couteaux d'acier flexibles sont semblables aux couteaux de la peinture à l'huile. Ils peuvent altérer les couleurs d'or qui sont les pourpres et les carmins. Il est préférable qu'ils soient pointus. Il faut se servir le moins possible des couteaux en général, mais plutôt de la molette pour le broyage et ne faire que relever la couleur avec les couteaux.

Une petite balance avec des poids, semblable à celle des chimistes est souvent utile pour peser les doses de certaines couleurs qu'on veut mélanger quand il s'agit de composer des teintes de fonds pour un travail qui, tel qu'un service de table exige que les fonds soient tous parfaitement uniformes et d'un même mélange pour toutes les pièces.

Les essences employées pour la peinture sur porcelaine comme délayant des couleurs sont la térébenthine et la lavande.

On doit pour peindre les divers genres avoir des flacons de chaque espèce :

Un flacon d'essence de térébenthine ordinaire ou maigre.

Un   id.   d'essence grasse.

Un   id.   d'essence de Lavande.

Un   id.   d'essence maigre rectifiée.

Un   id.   d'alcool. — Pour divers usages et particulièrement le lavage des glaces à broyer. Celui des pinceaux se faisant de préférence au savon noir dans l'eau chaude.

L'assortiment de couleurs vitrifiables à porcelaine est plus ou moins étendu selon le genre de peinture qu'on entreprend. Il y a l'assortiment pour la porcelaine dure et celui pour la porcelaine tendre.

Objets nécessaires au dessin & tracé
sur les pièces de porcelaine

—

Quelques crayons de mine de plomb plutôt dur.

    Id.   crayons lithographiques pour dessiner sur le blanc.

    Id.   crayons onctueux de pastel blanc ou rouge dur, dans du bois pour tracer sur les fonds de couleur sombre.

Papier végétal bien transparent —ou papier dioptique plus épais que le végétal pour les ponsifs.

Papier fin frotté de mine de plomb pour placer sous le dessin qu'on veut décalquer et transporter à la pointe sèche sur le blanc de la porcelaine. Ou papier frotté de minium en poudre.

Quelques poinçons en ivoire à décalquer. — Une feuille de papier de verre d'un grain moyen pour affiler les crayons et la pointe d'ivoire qui sert à décalquer.

Une poncette — petit rouleau très serré fait d'une bande de lisière de drap ou de flanelle pour faire pénétrer le noir de fumée, le blanc ou le rouge en poudre dans les piqures des ponsifs par le frottement.

Pierre ponce. Nécessaire pour enlever la poussière de la moufle qui s'attache souvent en tombant pendant la cuisson à la superficie de la peinture . Si on négligeait de poncer une peinture cuite en premier feu avaut de la retoucher, les asperités de poussière qui demeureraient sous la nouvelle couleur qu'on remettrait en retouchant risqueraient de se détacher à un second feu et d'écailler par conséquent.

On se sert aussi de la pierre ponce préalablement applatie par le frottement sur un peu de biscuit pour riffler les piqures saillantes d'un ponsif avant de s'en servir.

Les peintres-figuristes, surtout pour les ouvrages délicats et de petites dimensions emploient beaucoup la pointe d'aiguille. Il faut donc avoir des aiguilles de diverses longueurs qu'on emmanche soi-même à l'aide d'une petite pince à mâchoires plattes, dont on se sert pour le laiton et les ouvrages en fleurs artificielles. On coupe d'abord ces aiguilles en deux jettant la portion on est l'œil de la tête et on les enfonce solidement dans des hampes de pinceau en bois blanc.

On se sert aussi beaucoup du grattoir pour amincir et dépouiller la couleur appliquée à la surface de la porcelaine et pour raser la superficie d'une peinture quand elle est bien sèche qu'elle présente des épaisseurs et qu'elle a été reprise et retravaillée à la pointe et au pinceau. La forme du grattoir la plus commode serait celle d'un outil présentant un taillant partiellement droit et partiellement courbe — pouvant alors effleurer une surface plane aussi bien qu'une surface concave, en épousant tour à tour le creux ou la saillie.

Il faut beaucoup de circonspection et de soin pour l'emploi et le maniement du grattoir qui doit être continuellement tenu, bien affûté sur la *pierre du levant* avant de s'en servir.

Son rôle est d'enlever en les *sciant* toutes les éminences de couleur ou de graisse, tous les petits grains et corps étrangers pour que la fusion des couleurs soit plus belle et complète s'incorporant mieux à la surface de l'émail. Il est bien entendu qu'on ne prend pas tant de précautions pour de grands pièces et la grande peinture de fleurs telle qu'on la pratique à Sèvres sur des morceaux qui dépassent en proportion tout ce qui se voit dans le commerce de Paris.

La cire à modeler des sculpteurs sert aux peintres pour fixer par l'application de petites boulettes les poncifs de papier végétal des dessins qu'on veut exécuter.

Un fil à plomb, des règles, des équerres et compas ordinaires, des compas à 1|4 de cercle, des compas à branches, un compas d'épaisseur, des bandes droites de carton mince, pour prendre des mesures et y marquer des divisions, des feuilles de carton pour tailler des calibres, profils et cercles compartiteurs ; des équerres en bois, ou en carton mince qu'on fait soi-même pour les appliquer aux surfaces en creux ou en relief constituent les ustensiles nécessaires au praticien qui doit décorer de grands vases, y veut tracer avec la régularité qu'enseigne la géométrie toutes les lignes auxiliaires qui sont exigées par son travail, tracé d'abord à plat sur le papier dans le dessin dit géométral.

La commodité d'intallation étant la première préoccupation de l'artiste, pour le succès de son travail, on a inventé à Sèvres des boites et chevalets spéciaux pour embrocher les vases et les tenir plus ou moins inclinés devant le peintre et de façon en même temps à ne pas être touchés à mesure que le travail se termine, n'étant supportés et tenus que par l'intérieur, au moyen des rondelles en bois.

Les pinceaux qu'on emploie, sont de trois sortes de poil, savoir : la martre, le petit gris, et le putois. Ils exigent beaucoup de soin, une étude spéciale de l'usage de chacun, et la plus grande propreté après s'en être servi. Le meilleur mode pour les conserver est d'éviter de les manier rudement et de les rebrousser en les essuyant.

Les bons putois sont assez rares et par conséquent assez coûteux ; il y en a de deux formes.

Les pieds de biches, servent à unir les teintes ; leur inclinaison en biais est favorable à la position de certaines surfaces en pentes comme par exemple : celles d'un bord d'assiette ou d'un vase. Les putois horizontalement arrondis et cylindriques s'emploient de diverses grosseurs, servent aussi pour unir, polir et fondre les teintes préalablement couchées par les autres pinceaux en martre, et par de plus fins en petit gris qui doivent avoir beaucoup de souplesse et de finesse.

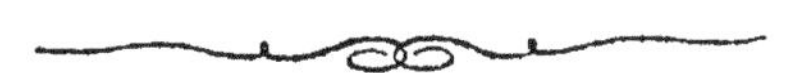

DIFFÉRENCE DE LA PEINTURE

SUR

Porcelaine & de la peinture à l'huile

—

Un des avantages remarquables et précieux de la peinture à l'huile ainsi que de l'aquarelle est la possibilité de mélanger également toutes les couleurs et surtout d'en voir le résultat positif et immédiat sur la palette ; les bien employer constitue le talent de l'artiste.

Il n'en est pas de même pour le peintre sur porcelaine ; sa palette est trompeuse ; plusieurs des couleurs dont elle se compose ne donnent leur teinte véritable qu'après avoir passé au feu. On comprendra que cette difficulté ne peut être surmontée que par une succession d'expériences que la plus patiente pratique fait seule acquérir pour être assez sûr de ce que l'on fera.

Il est nécessaire de dire que toutes les couleurs vitrifiables n'étant pas également fusibles ne sont pas non plus également amies ; les unes dévorent souvent les autres, en un mot, elles ne peuvent pas toutes également se marier ensemble ; et pour ce motif le praticien doit nécessairement multiplier ses essais jusqu'à ce qu'il connaisse exactement la valeur positive et la propriété de chacune d'elle. Il faut surtout procéder avec méthode et pour conduire un travail artistique à bonne fin nous établirons en règle générale que le blanc, dit blanc fixe, ne doit être mélangé avec presqu'aucune des autres couleurs et ne doit être employé qu'avec une extrême réserve.

Il s'applique en dernier pour rehausser quelques points lumineux : il se mêle avec les jaunes pour raviver les lumières des objets dorés qu'on aura voulu imiter ; trop d'épaisseur le fait écailler, mais il est préférable de s'en abstenir et de se servir tant qu'on peut du blanc réservé de l'émail. Toutes les parties blanches d'une peinture devront être par conséquent épargnées ; les parties ombrées et vigoureuses peuvent s'appliquer moins minces et un peu plus pâteuses que le reste, mais les demi-teintes seront toujours traitées légèrement. La connaissance de ce que deviennent les couleurs après la cuisson conduit à démontrer que la peinture sur porcelaine est le résultat bien combiné d'une succession d'ébauches superposées intelligeamment.

Broyage des couleurs

Choisissez : 1° *Une molette de cristal* bien planée à la meule, c'est-à-dire dépourvue de trous qui logeraient les grumeaux de la couleur et pourraient nuire à l'uniformité du broyage.

2° Une plaque de glace dépolie d'un grain fin et homogène.

3° Un couteau de fer bien souple ou élastique, dont la forme la plus commode est celle d'un triangle très-allongé, la minceur et l'élasticité étant situées vers l'angle obtus.

4° Un autre couteau de même forme, en corne ou ivoire destiné au maniement des couleurs que le contact du fer pourrait altérer (les jaunes clairs et les couleurs d'or).

Moins on peut manier les couleurs avec le fer et plus elles conservent de pureté.

La beauté, l'éclat et la pureté des couleurs dépendent beaucoup de la finesse du broyage. Cette opération est toute fondamentale. On commence donc par nettoyer parfaitement la glace dépolie en la saupondrant d'abord d'une ou deux pincées de cendre de bois qu'on mêle avec quelques gouttes d'essence de térébenthine, ce qui décrasse rapidement sa surface. Les chiffons à employer seront autant que possible en toile, on évitera ceux de cotons dont les pluches gêneraient l'emploi des couleurs. Les chiffons à pinceaux seront autant que possible en gaze ou en linge chiffon fin et souple de toile.

Après le nettoyage ou décapage de la glace ; on prend la couleur qui est en poudre, en quantité suffisante, peu à la fois pour de petits ouvrages et on y mêle quatre ou cinq gouttes de lavande, on applique la molette et on commence à broyer en rond ramenant toujours la couleur broyée, depuis les bords de la glace vers le centre, toujours en tournant et en appuyant un peu fort ; cela doit former un liquide luisant et plus consistant que le sirop ; à mesure qu'on tourne le grain de la couleur disparait, on met alors une goutte d'essence de térébenthine et si l'on juge que la couleur est trop liquide on ajoute un peu de couleur en poudre et un peu plus de téré benthine et on broie toujours en rond ramassant de temps à autres la totalité de la couleur avec le couteau de fer ou celui de corne, ou d'ivoire nettoyant et reprenant également la molette en la dépouillant, avec le couteau, de la couleur qui remonte en crême sur son bord extérieur et qui forme toujours en dessous du cercle qui adhère à la glace une sorte d'arborescence curieuse qu'affectent tous les corps pulvérisés quand on les délaye avec des liquides gras ou huileux.

Quand la couleur a été suffisamment broyée on s'en aperçoit au luisant sans aucun grain que prend son aspect, et si elle est trop coulante on en réunit plus facilement les molécules en hâlant ou projetant l'haleine sur les tas que l'on fait en relevant la couleur au couteau. Quand la couleur a été délayée d'abord à la lavande et broyée, puis délayée et rebroyée encore, en y ajoutant la térébenthine ; on y met l'essence grasse ; en petite quantité, c'est-à-dire, en un peu moins que la moitié de la dose de couleurs qu'on se propose d'employer.

Il faut un peu d'habitude pour bien broyer ; certaines couleurs sont beaucoup plus lentes à broyer convenablsment que d'autres. On doit arrêter le broyage quand la couleur a acquis par son dernier mélange avec l'essence grasse un peu moins de consistance que les couleurs broyées à l'usage de la peinture à l'huile.

On doit éviter de broyer longtemps au couteau de fer et ne s'en servir autant que possible, que pour relever la couleur ; on comprend que le grain de la glace dépolie finirait par entraîner des particules ferrugineuse du couteau, dans les couleurs, si l'on appuyait le couteau trop fort et par un frottement trop réitéré et continu (c'est le seul vrai motif qui fait que les praticiens recommandent plus tôt le couteau d'ivoire ou de corne).

Les couleurs jaunes claires subissent une détérioration notable du contact du fer ou de l'acier.

Beaucoup de praticiens porcelainiers décorateurs broyent à l'eau avec patience les couleurs du commerce (qui se vendent en poudre) pendant fort longtemps et après avoir bien laissé évaporer l'eau de cette opération, les rebroyent de nouveau avec les essences pour s'en servir.

Quelques-uns n'emploient pour peindre que de la lavande grasse, dont ils graissent leur couleur en poudre à la consistance de la peinture à l'huile.

De la finesse impalpable du broyage dépend souvent la belle réussite de la peinture et malgré l'ennui qui s'attache à cette opération, je ne crains pas de recommander de broyer les couleurs le mieux et le plus longtemps qu'on pourra. Il sera temps de s'arrêter quand l'œil ne distinguera plus aucun grain sous le couteau.

On peut, si les couleurs en poudre ont été broyées à l'eau et séchées à l'avance, économiser beaucoup de temps et d'ennui par le procédé suivant : Placez sur votre glace dépolie la quantité voulue de couleur en poudre ; jettez à côté deux ou trois gouttes d'essence grasse épaisse que vous allongez avec de l'essence de lavande et deux gouttes d'essence maigre, maniez le tout au couteau et de ce sirop formez de la couleur en poudre une pâte que vous rebroyez à la molette et au couteau plusieurs fois de suite pour la mettre en tas.

Si votre couleur nage trop, hâlez dessus avec la bouche, ou remettez-y de la couleur en poudre et rebroyez encore, vous comprendrez par l'expérience seule le degré d'essence grasse qui convient à l'emploi de votre couleur. Si vous y mettez trop de lavande, elle acquiert l'inconvénient de s'étaler en nageant sur la voisine ; pour y remédier, trempez la pointe du couteau dans l'eau et la goutte d'eau qui y adhérera mélangée suffisamment avec votre tas de couleur, la fera pelotter et se tenir ensemble comme de la couleur à l'huile ; par ce moyen votre couleur se gardera plus fraiche et sera d'un emploi plus commode. On verra que certaines couleurs exigent un broyage plus long que d'autres, et veulent être plus ou moins graissées pour être employées avec agrément et facilité.

Les peintres de décor qui ont besoin de coucher des fonds sur des surfaces plus ou moins étendues, doivent préparer à l'avance la quantité proportionnée au travail de couleur ; si le vase ou la pièce à coucher en fond est grande, il faut employer la couleur assez grasse et avec plus de lavande qu'en d'autre cas, afin de laisser le temps de putoiser l'aplat général qu'on a donné rapidement avec un large pinceau carré, dit queue de morue.

Le décor industriel embrasse tous les genres de peinture appliqués à tout ce qui peut se fabriquer en porcelaine.

Tout le succès qu'un artiste doit espérer dans le décor industriel dépend du choix plus ou moins heureux de ses compositions et de leur bonne exécution pratique ainsi que de la direction des ouvriers praticiens qu'il emploie dans ses travaux.

Je dis ouvriers praticiens car il y a des travaux si peu artistiques dans la porcelaine qu'ils n'exigent que de l'adresse et du soin ; tels que le filage des assiettes, le posage des fonds, certains travaux de dorure.

Le métier de porcelainier, c'est-à-dire, la partie des procédés matériels ou mécaniques est la première chose que doit apprendre celui qui veut devenir artiste décorateur, ornemaniste, peintre de fleurs, de figures, de paysages, d'animaux ou d'attributs. Le métier peut toujours être enseigné, même dans les livres.

L'habileté dans chaque genre ne s'acquiert que par une pratique dont la longueur est variable et proportionnée à la difficulté du genre spécial qu'on adopte.

Il faut pour devenir bon décorateur, se perfectionner beaucoup dans la connaissance du dessin, tant de l'ornement que de la fleur, du paysage et de la figure et s'exercer continuellement dans l'art difficile de grouper et de composer.

Les élèves commenceront d'abord par copier en dessinant d'après de bons modèles qu'ils s'accoutumeront à grandir ou à diminuer, desqu'ils auront acquis la justesse de l'œil en les reproduisant d'abord de la même grandeur. On les exercera ensuite à appliquer en les disposant avec goût sur des pièces certains motifs d'ornements ou d'attributs.

Le goût est la faculté de choisir ce qui plait, ou est d'un heureux effet adapté à telle forme céramique ou à tel ou tel emploi. Il s'applique autant au choix des formes qu'à celui **des couleurs.**

Il faut essencer avec un chiffon et de l'essence, toute pièce sur laquelle on vient dessiner ou transporter un décalque. Le crayon de mine de plomb marquera alors dessus.

Lorsqu'on se propose de décorer d'ornements réguliers une pièce plate, bombée ou creuse, telle que plat, assiette, plateau ou vase, on aura recours aux moyens que la géométrie enseigne.

Connaissances géométriques nécessaires au décorateur pour diviser ou compartir les pièces.

Diviser une circonférence en parties égales.

Une assiette étant donnée trouver son centre.

Il faut renverser l'assiette sur une feuille de papier en tracer au crayon de mine de plomb ou lithographique, le contour extérieur et sur cette circonférence prendre trois points au hasard qu'on marque au crayon, les trois points étant joints par deux lignes il suffit d'élever des perpendiculaires sur le milieu de ces deux lignes pour trouver le centre qui sera précisément situé au point d'intersection des deux perpendiculaires. On peut aussi par un moyen plus immédiat, plier le cercle sur lui-même après en avoir découpé la circonférence en deux, d'abord par un pli diamétral, puis en quatre en reployant une seconde fois le diamètre en deux sur lui-même, de façon à obtenir en le déployant quatre quarts de cercles dont les angles droits sont réunis précisément au centre. On placera alors dans l'intérieur de l'assiette, le quart de cercle de papier et on le marquera avec la pointe d'un crayon lithographique taillé fin. On tirera le long du papier les deux côtés de l'angle droit et on reportera quatre fois ce quart de cercle autour du point tracé ; si l'opération a été bien faite, les bords du cercle de chaque angle droit doivent coïncider exactement avec la circonférence entière de l'assiette c'est par le moyen du tracé des polygones ou en reployant le papier sur lui-même qu'on divise en 5, 6, 7, etc.

Un vase cylindrique comme le serait un pot à confiture, étant donné le diviser en quatre, cinq, six, etc. parties égales par des lignes verticales. (Le procédé serait analogue à celui employé pour trouver le centre de l'assiette et le diviser en un certain nombre de parties ou compartiments égaux. On trace sur du papier la circonférence du cylindre on la divise comme précédemment ou au moyen du tracé connu des polygones et plaçant le cylindre sur le cercle, une fois divisé on y marque les points de divisions de ce cercle avec le crayon lithographique, puis avec le fil à plomb ou l'équerre, on élève des perpendiculaires qu'on trace sur la surface dudit cylindre on les peut ensuite repasser au carmin d'aquarelle ou à l'encre de chine à l'eau. Si le vase, au lieu d'être cylindrique était je suppose, un cône tronqué, dont le cercle d'en haut parallèle à celui du bas serait plus petit ; on placerait la pièce renversée de façon que le grand cercle qu'on aura préalablement divisé au crayon lithographique, soit en haut et l'on tirerait au moyen d'un fil à plomb les lignes verticales le long de la surface conique du vass, il y aura là, une difficulté à surmonter : on observera que la surface conique allant en diminuant par le bas, le fil à plomb ne saurait s'appliquer sur la surface du cône mais, il est évident que si le vase était un cylindre, les bases d'en haut et celle d'en bas étant deux cercles égaux les verticales s'obtiendraient en joignant les points de divisions des deux cercles

Or, supposons que le cercle du haut vienne à glisser perpendiculairement sur le papier où se trouve posé la base circulaire la plus petite de notre cône tronqué, cette base circulaire s'y trouverait placée précisement au milieu et on aurait alors deux cercles concentriques.

Joignant donc les divisions du grand cercle avec le centre commun du petit cercle, le petit cercle se trouverait par là, divisé par les rayons du grand cercle en autant de divisions qu'en renferme le grand. On aurait donc par là le moyen direct de tracer les lignes cherchées sur la surface de notre cône tronqué en joignant les points de divisions du cercle supérieur grand avec ceux du cercle inférieur plus petit.

M. Peyre, artiste distingué et dessinateur des formes à notre manufacture impériale, est l'inventeur d'une très ingénieuse machine à compartir et diviser verticalement des vases de toute espèce de formes et grandeurs en autant de parties égales que l'on veut.

La pièce à diviser est placée sur un plateau horizontal sur lequel on a tracé une quantité de cercles concentriques divisés eux-mêmes à l'avance et par conséquent parallèles entre eux ; on a soin de la mettre bien au centre commun de tous ces cercles ; cela fait, on fait glisser le long d'une tige perpendiculaire au plateau, un crayon qui se meut horizontalement et parallèlement à lui-même et au plateau, en s'allongeant ou se raccourcissant dans un coulisseau, où il va et vient en avant ou en arrière, selon que la pointe en suivant le contour du vase avance ou recule en s'appliquant à la surface ou profil du vase ; on a préalablement marqué sur le bord inférieur du vase à diviser, les points de divisions de la base inférieure qui servent de point de départ au mouvement du crayon traceur, de façon qu'il suffit de tourner le vase d'un cran de division, dès qu'une verticale est achevée pour en tracer une autre au point de division suivant.

Le plateau de la machine de M. Peyre, est du reste muni en dessous d'un rouage denté s'engrenant à une manivelle qui le fait simultanément mouvoir avec le vase superposé qui présente ainsi successivement tout le développement de sa surface au crayon lithographique dont la tige est munie.

Il est nécessaire de bien essencer la pièce blanche en entier au chiffon pour que le crayon de mine de plomb ou lithographique marque. On repasse ensuite les parallèles des divisions à l'encre de Chine au pinceau si la chose est nécessaire.

Le tracé des courbes en spirales sur un vase, s'opère par le tracé préalable de lignes verticales au moyen de la machine ces lignes parallèles une fois établies on établit des points équidistants au compas en commençant de bas en haut ou de haut en bas indifféremment de droite à gauche ou de gauche à droite on les joint en cheminant d'une ligne verticale à sa parallèle la plus voisine, la spirale par point se trouve ainsi d'autant plus régulièrement tracée que les lignes de divisions verticales sont plus rapprochées les unes des autres.

Il serait facile de tracer mécaniquement toute spirale en faisant poser le plateau sur un axe porteur d'un pas de vi qui ferait monter le plateau de manière que le vase monterait tandis que le crayon tracerait,

Peinture sur porcelaine dure.

—

Qualités de l'émail et de la porcelaine sur laquelle on veut peindre. Décalque poncif mise au trait. Enlevage à la laque des réserves dans un fond.

—

La blancheur et l'uniformité de grain, l'absence de bouillons, de taches de rayures et d'ondulations sont à rechercher lorsqu'on fait choix d'une pièce à décorer. L'émail de la manufacture de Sèvres est fort beau quoique plus mince que celui des autres fabriques françaises ou étrangères. On reconnait qu'un émail pèche par trop de maigreur lorsqu'il laisse voir beaucoup le grain du biscuit de la pâte, et offre quelque analogie avec la surface d'une coque d'œuf.

La minceur et la transparence entrent aussi dans les conditions de beauté de cette industrie.

La peinture artistique des copies de tableaux s'exécute sur des plaques carrées rondes ou ovales, assez coûteuses à cause de la difficulté de leur fabrication.

Le commerce en fournit aux artistes à un prix inférieur à celui des plaques que la manufacture impériale fabriquait autrefois. La maison Gilles, 28, rue du Paradis-Poissonnière est celle où l'on trouve en ce genre le plus de choix. L'uniformité de leur plan est très-difficile à obtenir dans la fabrication.

Si l'on veut décorer une assiette ou tout autre pièce ronde, il faut d'abord procéder au *décapage*, qui consiste à bien nettoyer avec un chiffon propre la surface de l'émail avec l'essence de térébenthine rectifiée. La plus grande propreté est nécessaire à la réussite.

Après avoir déterminé à l'avance la composition ornementale qu'on veut adopter, et en avoir préalablement tracé sur du papier végétal ou dioptique les contours bien arrêtés, on en fait le transport sur l'assiette.

Mais pour obtenir un décalcage, il faut auparavant essencer la pièce au chiffon en déposant sur le chiffon destiné à cette opération une goutte d'essence grasse mêlée d'essence maigre, et en tournant toujours en rond de manière à couvrir bien toute la surface d'un reliquat imperceptiblement mince d'essence, laissant à peine voir les stries du chiffon. Au bout d'un instant, ce reste d'essence sera sec et la trace du crayon y marquera, ce qui n'aurait pu avoir lieu sur l'émail nu. On fixe alors avec des boulettes de cire ce qu'on veut décalquer, bien exactement, au lieu qu'il doit occuper : au centre ou sur les bords, et en intercalant entre le papier végétal et l'émail un papier mince enduit de mine de plomb ; le plomb tourné vers l'émail, on trace à la pointe sèche d'ivoire le trait de son décor ; bouquet, figure, animaux ou arabesques.

Cette opération doit se faire avec légèreté, afin de salir le moins possible l'émail par la mine de plomb. Il est utile de décharger un peu le papier plombé avec un chiffon fin et sec avant d'en faire usage ; quand il est neuf il marque et salit beaucoup et quelquefois au point de nuire à la netteté du contour.

On peut au lieu de décalquer piquer finement tout le trait sur le papier et le poncer au charbon ou au noir de fumée.

Ce trait une fois terminé a besoin avant de commencer à servir pour peindre, d'être repassé au carmin d'aquarelle avec un pinceau le plus finement possible. On a choisi le carmin d'aquarelle délayé à l'eau dans un godet, en y ajoutant une goutte de dextrine délayée dans l'eau, cette couleur rendue plus maniable et coulante par la dextrine, étant suffisamment visible et se brûlant au feu de manière à ne laisser aucun résidu qui puisse salir les couleurs qu'on applique par-dessus. Il faut passer au trait d'aquarelle avec un pinceau aussi fin que possible.

Comme l'essence de térébenthine n'enlève pas l'aquarelle, il est très-nécessaire d'en passer par-dessus avec le chiffon pour achever de nettoyer le trait et débarrasser l'émail des saletés du premier trait de mine de plomb avant de commencer à peindre, il ne restera alors qu'un contour rosé et bien net sur lequel on peindra toujours impunément.

Nous recommandons particulièrement de tenir le trait de pinceau aussi étroit et égal que possible ; on enlève au grattoir les endroits où la main peu exercée aurait donné involontairement trop de largeur.

La couleur d'aquarelle se brûle au feu, la couleur à porcelaine, seule résiste ; toutes ces précautions minutieuses sont à observer ; on comprend d'ailleurs que bien que le carmin se brûle, s'il était trop étendu dans le trait, l'aquarelle dévorée par le feu, marquerait en réserve blanche sous la couleur vitrifiable appliquée par-dessus.

La peinture de porcelaine s'exécute sur fond blanc ou sur fond de couleur; si l'on se propose de mettre un fond au sujet qu'on se donne, il doit être couché au pinceau et putoisé bien uniformément avant de commencer le sujet et en couvrant tout le trait passé préalablement au carmin ou à l'encre de chine qui se lira en transparent à travers la couleur; on laissera sécher, et prenant alors de la couleur à l'huile, de la laque ordinaire mêlée d'un peu de lavande, on en couvrira soigneusement la silhouette des objets qu'on désire peindre et la couleur à l'huile délayant la partie du fond sur laquelle elle aura été appliquée s'enlèvera au bout d'un quart d'heure avec cette partie de fond en frottant avec le chiffon laissant parfaitement à nu l'émail blanc du dessous.

Avant d'aller plus loin, nous dirons quelques mots de la manière de coucher les fonds et des précautions nécessaires pour y parvenir dans les différents cas qui se présenteront.

Pour coucher un fond uni sur lequel doivent se détacher
des fleurs ou autres décors sur un vase

Pour couvrir le vase de ladite couleur d'une façon très-unie, on broie préalablement à la molette la couleur en poudre sur la glace en y mêlant autant d'essence grasse que d'essence de lavande (l'essence de lavande ayant pour objet d'empêcher la couleur de sécher trop vite) on emploie la teinte à la consistance de sirop, ou au degré de limpidité un peu plus coulant que la couleur de la peinture à l'huile; on couche la couleur avec un large pinceau carré (espèce de blaireau) en évitant de revenir sur chaque coup et en les donnant à plein pinceau et horizontalement du haut vers le bas; on putoise ensuite légèrement au grand putois à forme de pied de biche ayant soin de le nettoyer à sec afin qu'il ne s'empâte point et n'enlève pas trop de couleur; on revient ensuite au putois plus légèrement et à petits coups pour unir au mieux.

Comme la teinte couvre la totalité du trait et que le blanc de la porcelaine a disparu, on laisse sécher, et le lendemain on peut procéder à l'enlevage à la laque des réserves qu'on veut avoir pour peindre.

On cuit le fond au grand feu ou au feu de peinture selon que la nature de la couleur peut supporter le grand feu ou le feu de peinture, et après ce premier feu on peint le sujet qui a été réservé en blanc, soit un cartel tableau, soit des fleurs, des fruits, de l'ornement, du paysage, des animaux ou des figures ; car tous ces genres peuvent être traités en porcelaine.

Il est à remarquer qu'il faut éviter de peindre dans un lieu humide, ce qui fait pelottonner la couleur sous le pinceau.

Une température douce favorise l'application des teintes ; on évitera d'éternuer sur l'ouvrage, la salive ferait des points blancs à la cuisson.

Les pourpres, les carmins, les bleus veulent être graissés davantage que les autres pour la facilité d'emploi, si la pièce à mettre en fond est très-grande, elle doit être couverte et putoisée très-rapidement. Il faudra conséquemment ajouter une certaine quantité de lavande à la graisse qui, si en l'employait seule dans la couleur, sécherait trop vite.

Un fond pour être bien posé et putoisé se fait d'un seul coup sans revenir et parfaitement uni au putois l'un bout à l'autre.

Pour coucher d'abord la couleur avant de la putoiser, on se sert de grandes queues de morue (sorte de pinceaux larges et plat de trois à quatre doigts en poil long et doux et de forme carrée).

Il est nécessaire, si le vase est grand, de commencer toujours par le haut, si on faisait le contraire on risquerait de faire tomber des gouttes de couleur sur le bas quand il commencerait à être couvert ; précaution indispensable.

On délaye toujours sur une grande glace carrée une quantité assez grande de la couleur du fond plutôt surabondante qu'insuffisante, parce qu'il est toujours difficile de refaire précisément la même valeur d'un mélange en couleur de fond.

Il est plus commode pour coucher un fond uni d'une pièce importante, qui aurait je suppose, un mètre de haut, de faire l'opération à deux personnes, une se place devant le vase et l'autre derrière.

On procède alors à la pose de la couleur en la couchant par zônes horizontales, déchargeant la couleur à coups réguliers en égales quantités, à égale épaisseur autant que possible juxtaposés sans y revenir deux fois et sans enjamber.

La queue de morue bien garnie de couleur doit être tenue à plat sur la surface du vase, un peu en l'air pour faciliter l'écoulement de la teinte. Si la couleur a été préparée trop liquide on s'en apercevra en ce que la teinte sera trop pauvre et maigre, et parce qu'elle coulera le long du vase, faisant ainsi des sortes de franges occasionnées par les bavures de chaque zône déjà peinte.

Les jeunes élèves qui veulent s'exercer à poser des fonds sans gâcher leurs couleurs qui coûtent quelquefois fort cher, trouveront de l'économie à le faire avec de l'essence grasse et du noir de fumée. Ils feront ainsi des fonds au patois en gris clair et en gris foncé, etc., jusqu'au noir, et quand ils sauront employer bien cette couleur avec hardiesse et rapidité, ils attaqueront le même travail avec une couleur à porcelaine.

Grands fonds unis

C'est toujours en vue de la cuisson qu'il faut calculer la valeur tant des fonds que de la couleur d'un décor quelconque sans oublier que la belle glaçure, qualité essentielle de toute peinture céramique peut toujours être obtenue par la bonne combinaison du mélange des couleurs et la convenance des cuissons.

À une couche, à deux couches, couleur doublée

Les fonds se posent à une couche ou à deux couches.

Les fonds dont la couleur est foncée (ou soutenue en terme de porcelainier) sont plus difficiles à poser que les fonds clairs ou à couche mince. On les pose alors à deux couches.

Les couleurs de la porcelaine se divisant comme nous le verrons plus loin en couleurs dures et tendres suivant le degré de fusibilité on proportionne pour composer les teintes de fonds les doses de chacune de celles qui composent un mélange, de façon que la quantité de parties des couleurs fusibles soit supérieure à la quantité des parties des couleurs dures qui entreront dans le mélange, dans l'intérêt de la glaçure.

A couleur mélangée par superposition, 2 feux

On doit toujours faire un échantillon sur un tesson ou fragment d'assiette (fait de la même pâte et porcelaine que la pièce qu'on veut coucher en fond) avant de peindre.

Il y a des couleurs pour fonds que les chimistes-fabricants de couleurs vendent toutes faites qui sont souvent fort bonnes mais qu'il faut toujours essayer avant l'emploi.

On sait d'ailleurs que tout fabricant de couleurs, même le plus habile, ne peut jamais fournir au public des livraisons d'un même type de couleur exactement semblable au type modèle.

Une certaine quantité ou livraison faite par un chimiste, à une certaine époque différera presque toujours en plus clair ou en plus foncé en plus ou en moins de fusibilité d'une autre livraison de la même couleur fabriquée à une autre époque.

Teintes fondues ou dégradées, etc.

Les fonds de couleur claire se font avec des couleurs fusibles. La minceur trop grande peut empêcher de glacer même avec une cuisson suffisante. Un fond mal couché et mal putoisé ne glace pas. Il faut surtout éviter l'humidité. On couchera toujours mieux un fond en hiver, dans un lieu bien chauffé et qu'on aura soin de fermer pendant tout le temps que durera le couchage et le putoisage du fond. Un courant d'air humide ou froid qui surviendrait par une porte ou fenêtre pendant l'opération y nuirait souvent beaucoup.

Trop graisser certaines couleurs avec l'essence grasse, occasionne ce qu'on nomme de la grippe, (effet de l'écartement et du fendillement de la couleur en cuisant ce qui dans un fond ne peut guère se réparer.

On cuit quelquefois certaines couleurs de fonds à un premier feu très léger rien que pour fixer la couleur en la faisant adhérer à l'émail et on y repasse une seconde couche que l'on cuit alors au feu ordinaire cela est quelquefois avantageux.

On peut obtenir de beaux fonds de couleurs composées en cuisant un fond d'une couleur, d'abord et superposant, la seconde couleur à un autre feu, réservant la plus fusible en second.

Les mélanges par superposition sont quelquefois plus beaux ce moyen est quelquefois employé pour obtenir des fonds dégradés ou nuancés, c'est à dire dont le haut ou le bas est clair et le reste foncé.

Nous observerons ici que nous ne nous occupons en ce moment que des fonds devant servir comme décor. Les fonds pour tableaux, tels que fonds de ciel rentrent dans l'emploi artistique de la couleur pour un sujet de paysage ou figures.

La dorure peut toujours s'appliquer par dessus le fond une fois cuit. L'expérience du poseur de fond et son habilité consistent dans le bon emploi de ses couleurs graissées à point. Les carmins, les pourpres et les bleus soutenus, sont très difficiles à bien poser et demandent une grande habitude,

L'usage du putois et son maniement, sont une chose qui ne peut trop s'enseigner qu'en la voyant faire. Il faut tapotter seulement sans trop appuyer et ne pas putoiser avant que la graisse ne commence à prendre de la consistance qui l'empêche de dépouiller la couleur, en s'attachant au putois.

Couleurs pour la décoration de la porcelaine

Parmi les couleurs applicables à la porcelaine, on distingue les couleurs de grand feu et les couleurs de Moufle. Les premières sont cuites sous la couverte ou mêlées avec elles au grand feu du four à porcelaine ; leur nombre est jusqu'à ce jour assez limité.

Ce sont :

> Le bleu de Cobalt.
> Le vert de chrôme.
> Les bruns de fer.
> Et de Manganèse.
> Les jaunes de Titane.
> Et les noirs d'Urane.

Ces couleurs sont fournies par les oxydes de ces divers métaux.

Les couleurs de Moufle sont également formées par des oxydes colorants qu'on mélange avec des substances facilement vitrifiables qu'on nomme des fondants. Ces fondants contiennent de la silice, du borax ou acide borique, de l'oxide de plomb et de l'oxide de Bismuth, du nitre, du carbonate de soude, etc.

L'oxyde de Cobalt entre toujours dans la composition des bleus ; l'oxyde de chrôme et l'oxide de cuivre fournissent les verts dont on a fait varier la nuance par l'addition d'autres oxides colorants.

Le peroxide d'uranium et le chromate de plomb servent à produire les jaunes. Les rouges sont donnés par le protoxide de cuivre et par le sesquioxyde de fer qui fournit des nuances très variées.

Les violets et les roses par le pourpre, dit de Cassius, mélange intime d'or et d'oxide d'étain. Enfin les noirs s'obtiennent à l'aide du protoxyde d'uranium ou avec des mélanges d'oxyde de cobalt et de Manganèse. Tous les rouges de fer mêlés avec les bleus font des noirs composés variés.

DORURE

—

Les ors doivent toujours être appliqués sur le blanc et cuits à un feu avant le décor en couleur, ce feu serait trop fort pour des fleurs et surtout pour de la figure. On les applique cependant en second quand la pièce doit être couchée en fond. L'or employé est dissous dans l'eau regale, l'or dit au miel s'emploie par-dessus la peinture comme rehauts.

La dorure de la porcelaine s'exécute au moyen de l'or très divisé qu'on précipite de la dissolution de chlorure d'or, par le sulfate de protoxyde de fer. On mélange la poudre ainsi obtenue avec un peu d'oxyde de bismuth et de borax, et on applique au pinceau le mélange qu'on transforme en pâte au moyen de l'essence de térébenthine.

Après la cuisson qui doit être faite dans la Moufle à une température suffisante pour donner à l'or l'adhérence voulue, ce métal a un aspect mat ; on le brunit avec des brunissoirs en agate et on achève de lui donner tout l'éclat qu'il peut prendre en la frottant avec les brunissoirs.

Le Bruni à l'effet.

Les ornements en or mat acquièrent un charmant effet du brunissage par lequel les ombres sont obtenues.

On emploie pour cela des brunissoirs en agate et en sanguine taillés en pointes de diverses grosseurs, dont on se sert comme de crayons pour polir par des hachures ou des lignes larges et pleines en manière de traits de gravure les endroits qu'on veut faire paraître modelés ou ombrés, il faut pour cela avoir la main très sûre et connaître parfaitement le dessin de l'ornement, car chaque coup de sanguine trace une ligne sur la partie matte : si l'on faisait un faux trait rien ne pourrait ramener au mat la partie entamée par le crayon de sanguine.

Une brunisseuse simple pour des filets doit frotter mollement avec le brunissoir sur l'or et ne jamais brunir que d'un seul sens afin de ne pas faire de raies. On brunit une première fois on passe un peu de vinaigre ou de céruse sur l'or pour le dégraisser et on essuie légèrement avec un linge blanc puis on rebrunit une deuxième fois. Quand l'or est brillant partout et ne présente pas de raies le travail est achevé.

La cuisson de l'or exige un feu spécial. On doit éviter de cuire de la peinture dans une moufle ou l'on cuit en même temps beaucoup de pièces en dorure. Les émanations d'or peuvent ternir et empêcher de glacer certaines couleurs.

L'or mat qu'on emploie comme fond pour détacher certaines parties de décor ou pour recevoir des ombres en couleur à porcelaine, telles que, des ocres, des rouges ou des bruns, doit être bien dégraissé à l'alcool avant de poser ces touches. On sablonne l'or pour obtenir ce qu'on appelle le demi mat.

On se sert à Sèvres, d'ors verts et de platine pour varier certains effets dans des pièces riches et l'on est souvent obligé de recharger les ors plusieurs fois pour plus de solidité. On ajoute à ces divers métaux plus ou moins de leurs fondants particuliers suivant le besoin.

On enjolive aussi certains cartels destinés à recevoir des peintures à figures de points d'or en relief.

Difficultés qui se présentent dans l'emploi de la couleur :
La palette de Sèvres. — Pour la porcelaine dure.
— La palette pour la porcelaine tendre.

La palette de Sèvres étant la plus parfaite est adoptée comme type par tous les fabricants de couleurs vitrifiables. Elle est très étendue et multiple. Celle employée pour la porcelaine dure diffère de celle de la porcelaine tendre en ce que tous ses rouges sont des couleurs de fer. Tandis que dans la porcelaine tendre on obtient les rouges par le moyen des jaunes auxquels on superpose les carmin et les pourpres en 2ᵉ feu, d'ailleurs toutes les couleurs se mèlent et le blanc s'y ajoute au besoin pour leur donner plus de corps. La cuisson des couleurs sur pâte de porcelaine tendre exige des feux spéciaux plus doux que pour la dure.

Il faut que l'œil de l'artiste s'accoutume à une certaine coloration souvent trompeuse (1) pour obtenir la couleur vraie après le feu.

Ce n'est qu'en faisant fréquemment, ce qu'on appelle des échantillons qu'on arrive à la connaissance de la palette.

La manufacture de Sèvres fabrique, mais ne vend point ses couleurs, qui sont en distribution pour ses seuls employés.

Toutes les couleurs vitrifiables employées à la décoration céramique sont produites par différents oxides métalliques.

Les fondants qu'on y ajoute dans certaines proportions sont les substances propres à en faciliter la fusion au feu sans changer leur nature et leur intensité, en leur donnant de l'éclat et du lustre ou glacé.

Il faudrait autant que possible, que l'artiste possédât quelques notions de chimie pour mieux se rendre raison des moyens qu'il met en jeu pour réaliser sa peinture.

Le peintre ou l'amateur doit premièrement se bien pénétrer des difficultés que présente l'étude à laquelle il veut se livrer

---

(1) Les peintres de fleurs qui emploient beaucoup le carmin pour les fleurs roses paraissent en les employant, peindre des roses violettes.

et commencer par se munir de tous les outils indispensables.

Pour atteindre cette connaissance pratique de la palette, il faut essayer chacune des couleurs qu'on achète dans le commerce avant de l'employer à un travail définitif.

Les artistes et les amateurs trouveront des assortiments de fort bonnes couleurs sur le modèle de la palette employée à Sèvres, dans les maisons Dubois (successeur de Morteleque), Guyonnet, Colleville, Bunel, Pinard, Chapelle, Lacroix, etc., etc., recommandables par leurs produits.

On trouvera du reste, aussi au carré St-Martin, à l'enseigne du *Bon Broyeur*, des assortiments de couleurs à porcelaine ainsi que tout ce qui concerne le détail de l'outillage général, du porcelainier, palette, glace à broyer, pinceaux, putois, etc., etc.

Pour étudier utilement, il faut selon le genre qu'on veut entreprendre se faire une palette, d'abord fort simple qu'on étendra davantage par la suite à mesure qu'on fera des progrès et que l'expérience s'acquierera.

Nous allons néanmoins ici donner la liste générale de nos couleurs, employées à Sèvres, pour la porcelaine dure. Pour tous les genres tant des fleurs que de la figure, elles ont toutes un numéro particulier que les fabricants de couleurs de Paris connaissent généralement, vu qu'elle ont toujours servi de type de perfection.

LISTE DES COULEURS

Le blanc dit à mêler ne s'emploie généralement que comme rehaut sur des saillies de linges, il ne se mêle guère qu'avec certains jaunes.

Les Jaunes

47. Le jaune clair très fusible pour les chairs dit jaune ivoire, ressemble au jaune de Naples à l'huile, se mêle avec les rouges de fer, employés pour les carnations, mais les dévorant un peu au feu bleuit les carmins et les couleurs d'or. On évite ces mélanges.

41 B. Le jaune clair citron, très fusible.

Servant pour les verts et les bruns.

Dévorant presqu'entièrement les couleurs de fer, mais se mêlant aux carmins, aux pourpres, aux bleus et aux gris.

43 C. Jaune clair plus foncé que le précédent, moins fusible, pour les verts et toutes les autres couleurs, équivalant au chrôme à l'huile.

46. Jaune plus foncé. Très beau se mêlant aux couleurs d'or. Très bon avec les carmins, les pourpres et les verts il remonte et prend de l'intensité au second feu, il faut donc en user avec modération.

50. Jaune ocre ordinaire.

S'emploie dans les chairs brunes mêlé avec le jaune 47 et les rouges de fer, ne se mêle pas aux verts,

50 A. V. Ocre à vert.

Se mêle aux verts, au pourpre et aux carmins.

49. Ocre brune ou brun jaune.

Même qualité que la précédente, portant son ton.

68. Brunatre.

Id. portant son ton.

C9. Brun mordoré.

Remarquable (chez Dubois-Morteleque) par sa richesse, se mêlant très favorablement pour ombrer des bleus en y ajoutant certains gris ou des carmins et des jaunes.

70. Brun de bois.

Porte son ton se mêlant avec tout.

Les Rouges

—

62. Rouge pour les chairs.
62. Rouge de chair dur.
62 T. Rouge de chair tendre.

Couleur de fer — moins beau que le vermillon se mêle avec le 47 et tous les jaunes moins le 41 B. Mêlé au bleu fait du noir. — Le 62 T est plus fusible et plus clair, ne se mêle pas avec les couleurs d'or.

63. Rouge carminé.

Très bon pour les joues et les lèvres et mêlé à certaines ombres.

Rouges

64. Rouge laqueux. — Couleur dure (peu fusible) plus foncé que la précédente. Couleur de fer.

65. Violet d'or. — Se mêlant aux bleus et aux jaunes clairs et peu fusible ; aux verts pour les rompre ; glace peu, ne se mêlant pas aux couleurs de fer.

66. Rouge violâtre pâle. — Couleur de fer. Fusible très-utile pour le modelé des chairs ; mêlé au jaune 47, donne de jolis gris, — se mêle aux bleus clairs et foncés en les salissant un peu, — leur ôte la crudité dans les ombres, se marie très-bien au vert bleu Morteleque pour faire des gris très-fins.

66. A. Violet de fer (plus foncé).

63. B. Id. plus ardoisé.

Excellentes couleurs pouvant servir dans la figure, la la fleur, le paysage et le décors.

Ces trois violets de fer mêlés au jaune Ocre donnent de beaux bruns chauds. Fort utiles comme vigueurs dans des cheveux chatains ou dans des ombres sur des terrains.

67. Rouge brun.

Sorte de terre de Sienne brûlée. Couleur dure ; s'attendrit en la mêlant au 47, porte son ton.

55. Rouge sanguin. id.

58. Rouge orangé. id.

Couleurs moyennement tendres ; mêlées au bleu font des noirs chauds. Toutes les rouges mêlés aux bleus font des noirs variés.

60. Pourpre ordinaire.

Couleur d'or assez dure, se mêlant aux bleus, aux jaunes et aux verts. Très-employé pour ombrer des verts en peinture de fleurs.

59. D. Carmin dur.

59. T. Carmin tendre.

Couleur d'or, — employée pour les roses des fleurs ; ne se mêlant pas aux couleurs de fer, mais bien avec les jaunes, les verts et les bruns. Les carmins anglais sont les meilleurs.

Bleus

22. Indigo.

24. Bleu foncé.

Les bleus Colville et Morteleque sont remarquables. Se mêlant particulièrement avec les carmins et les pourpres pour les beaux violets.

25. Bleu outremer.

Mêmes qualités; il y en a du pâle et du foncé. Pour le faire glacer il le faut additionner de bleu 28 tendre.

28. Bleu ciel clair.

28. T. Plus tendre et fusible que le précédent.

Pour les ciels, mêlé au 47, fait un bleu ciel un peu chaud et lumineux; se mêle bien au 41 B citron et aux violet d'or, pourpre et carmin.

Verts

32. Vert émeraude.

31. Vert bleuâtre.

35. Vert pré, clair.

36. D. Vert foncé. — Couleur dure.

36. T. Plus clair. — Couleur tendre.

38. Vert de vessie.

39. Vert olive ou vert noir.

Les verts se développent et deviennent assez criards après cuisson; ce qui en rend l'emploi très-difficile pour les fonds de paysage. Ils se mêlent à tous les jaunes et les bleus ainsi que les couleurs de fer pour se rompre et se varier ainsi qu'avec les bleus. On les rompt de préférence avec des carmins et des pourpres. Le mot rompre veut dire grisonner, assourdir.

Gris

13°. Rosâtre, — gris très fusible, fort utile pour les chairs.

13. Roussâtre, — id. Plus chaud de ton.

14. Gris jaunâtre très-fusible.

15. Gris bleuâtre ; dévore un peu les rouges.

12. Gris foncé, presque noir, se mélant bien à tout ; remonte au feu.

18. Noir brunâtre se mélant aux rouges.

19. Noir foncé, id.

Les gris fusibles, le 14 par exemple, dévore les rouges de fer, s'applique mince, il écaille facilement en épaisseur.

Le gris 9 de platine, résistant à une très-haute température, ce qui en rend dans certains cas l'emploi avantageux.

Le gris clair N° 7 Morteleque est très-bon dans les demi-teintes de chair.

Manière de faire les échantillons

Il faut pour procéder à l'inventaire de toutes ces couleurs, prendre deux assiettes d'un émail convenable, c'est-à-dire bien blanc, pas maigre, c'est-à-dire ne présentant pas à l'œil une espèce de grenu qui donne l'aspect de coque d'œuf.

On tracera au crayon lithographique ou autre sur le bord ou Marly de chacune, des traits perpendiculaires à la circonférence, de façon à établir des divisions successives, larges d'environ un doigt ; et après avoir préalablement garni toute la palette à trous de l'assortiment complet broyé à l'eau d'abord et à l'essence ensuite, on prendra avec un pinceau moyen bien propre un petit tas de chacune des couleurs suffisamment graissée qu'on posera sur une palette de verre garnie en dessous de papier blanc, et on posera à plein pinceau une lèche de couleur en tirant le pinceau en ligne droite par coups parallèles de façon à remplir chaque bande tracée au crayon.

Chacune de ces bandes doit former une dégradation de la couleur, partant du foncé ou épais et allant au plus mince ou plus clair.

On échantillonne ainsi chaque couleur en double, c'est-à-dire sur les deux assiettes. Une des assiettes étant destinée à *ne pas cuire*, sera conservée pour être comparée à l'autre après la cuisson.

Cette opération servira à démontrer la bonne qualité des

couleurs qui, à la cuisson, doivent se bien développer et gla
cer convenablement. Cependant, comme elles ne sont pas
d'un égal degré de fusibilité, on connaîtra par là, à l'aspect
plus ou moins glacé, celles qui sont les plus dures.

On verra aussi que quelques unes dans la partie épaisse,
écaillent quelquefois. D'autres quelquefois, n'étant pas
d'une bonne qualité se décomposent (le carmin, par exemple,
devient brun rouge sale).

Il est des couleurs qui restent mattes au feu de peinture
ordinaire, ce qui signifie qu'elles veulent une température
plus haute, (qui serait ce qu'on nomme le demi grand feu).

L'aspect mat peut être aussi causé par l'humidité ou des
émanations de fumée.

Je ferai remarquer en même temps que dans la peinture de
porcelaine dure, il faut éviter de peindre par gouttes (pour
ne pas avoir de l'écaille), on cherchera plutôt à peindre mince
à l'ébauche, et on rechargera quand la couleur sera sèche.
Il ne faut pas non plus peindre trop gras, ce qui occasionnerait à la cuisson un écartement dans les teintes qui se
fendilleraient ; on aurait ce qu'on appelle de la grippe.

L'essence grasse qu'on met dans la couleur pour l'employer,
est une résine qui se brûle au feu, et qui, pour s'évaporer,
produit ce genre d'accident.

On disposera donc tout autour de chaque assiette, des
lèches de couleurs pures, et au milieu de l'assiette on fera
quelques teintes et quelques mélanges qu'on unira ou dégra-
dera au putois pour voir comment viennent les couleurs à
l'état mince, demi-mince et très-épais, autrement dit appli-
quées peu épais, à demi épaisseur et grande épaisseur.

On laisse sécher, et l'on passe ensuite par-dessus chaque
bande, une petite bande de carmin, une de pourpre, une de
gris tendre, une de gris foncé ; ces bandes doivent être étroites
afin de ne pas couvrir toute la surface de la couleur pure.

Ces dernières couleurs se comporteront avec le dessous de
différentes manières, qu'on observera après la cuisson.

On cherchera aussi sur le milieu de l'assiette à obtenir des
gris par mélanges de verts et de carmins, de verts et pourpres, de violets de fer avec des verts et des bleus, etc., etc.,
en ayant soin de noter par écrit la composition des mélanges.

La notation de ces mélanges est très-importante.

Moyen de vérifier la cuisson des couleurs.

Une bonne cuisson est nécessaire à la bonne réussite de de toute peinture. On la constate par l'inspection du carmin et du bleu, qui avec l'or servent de guide au cuiseur.

Le carmin pour être bien cuit doit être d'un beau rose. Si la cuisson est insuffisante il conserve un ton brique, si la cnisson a été trop forte il se décompose et passe au violet. Une cuisson insuffisante ne développe point la couleur et la laisse matte et verdâtre ou louche.

Le maniement de la couleur sous le pinceau ne s'acquiert pas au premier coup ; il exige de nombreuses tentatives et une grande persévérance.

On fera bien pour s'y exercer, de peindre quelque temps avec une seule couleur ; c'est ce qu'on nomme en camayen.

On éprouvera de la difficulté et beaucoup de découragement pour ne point dépouiller la couleur du dessous en repeignant, ce qui arrive surtout pour la peinture de figures, si l'on se hâte de peindre avant que le dessous ne soit sec.

Il faut s'exercer sur des tessons, à faire des teintes et des mélanges dégradés au putois. La question de touche spirituelle et intelligente ne peut se traiter ni s'enseigner dans un livre.

L'expérience s'acquiert en faisant beaucoup d'essais et en voyant peindre les habiles.

Certaines personnes ne peignent la porcelaine qu'en délayant leur couleur entièrement à la lavande et en les graissant à la lavande grasse ; ce moyen est excellent.

Les anciens peintres de porcelaine ne les mélangeaient et préparaient qu'à l'eau gommée.

On pourrait à la rigueur peindre aussi avec les couleurs broyées à l'eau et employées avec de la dextrine ou fécule de pommes de terre qu'on trouve dans toutes les pharmacies.

C'est une poudre jaunâtre, farineuse qui, délayée avec quelques gouttes d'eau, produit une espèce de colle transparente.

On peut dans certains cas l'employer avec avantage, en

la mêlant par tiers à une couleur neutre, telle que ce que nous appelons le gris 13 rosâtre pour faire un trait fixe et indiquer au besoin quelques légères masses d'ombres en manières de grisaille et repeindre par dessus avec l'essence grasse.

Les essences ne délayant pas les couleurs peintes à l'eau, on enluminera ainsi le travail ébauché à l'eau en camayeu et l'on pourra putoiser impunément sans crainte de dépouiller ni d'attaquer le dessous.

Précautions à prendre avant de cuire

Il est utile de bien sécher la peinture avant de cuire. Les pièces décorées sont pour cette raison déposées chez les cuiseurs ou fabricants de porcelaine, dans des buffets en fer garnis d'étagères également en fer percées de trous, dans l'intérieur desquelles des tubes calorifères donnent une chaleur destinée à faire évaporer la graisse des objets peints ou dorés. On les transporte de là dans les moufles pour les cuire ; on s'aperçoit de la dessication quand les surfaces décorées sont mattes.

Si l'on n'a pas de séchoir à sa disposition, il est facile de sécher de la peinture sur de petites pièces, telle qu'assiettes, tasses ou soucoupes en faisant usage d'une petite lampe à esprit de vin semblable à celles dont on se sert pour chauffer le café.

On en promène rapidement la flamme de façon à ce que la mèche ne touche pas la peinture, et sans la laisser séjourner plus longtemps dans un endroit que dans un autre.

On évitera de chauffer trop brusquement et de poser la pièce ainsi chauffée sur du marbre qui la ferait casser aussitôt.

Il est bon de faire cette opération dans une pièce où la température est douce ; il serait imprudent d'ouvrir un courant d'air froid provenant de quelque fenêtre ou porte, au moment où l'on vient de pratiquer ce séchage.

Quand on a peint trop gras, on s'en aperçoit au luisant que conserve la peinture, même deux ou trois jours après son exécution ; comme certaines peintures ne se font pas toujours au premier coup, telles que la peinture du paysage ou de sujets à figures, il arrive que malgré soi, en peignant et repeignant successivement elles se graissent, il est bon de les faire séjourner dans un séchoir, mais seulement peu de temps si l'on veut les retravailler.

Un demi séchage convient pour reprendre une peinture ; le séchage complet rendrait la couleur tellement matte et ambue qu'on la croirait sous un brouillard, et si l'on avait à employer par dessus, le pointillage pour reboucher certaines places trop pauvres de couleur, on ne verrait plus si ces raccords sont de la couleur du dessous, et si l'on avait à employer la pointe d'aiguille ou le grattoir on ne tarderait pas à voir tomber la couleur par écailles avant la cuisson.

Observation générale sur toute peinture de décoration appliquée à de la porcelaine dure.

Il faut pour que les détails artistiques de décoration se conservent purs qu'ils soient exécutés sur des pâtes qui résistent bien à de hautes températures, c'est-à-dire qui soient fortement alumineuses telles que les emploient Sèvres, Vienne, la Saxe.

L'émail dans lequel on plonge les pièces après la cuisson en dégourdi, état où elles sont indélayables et absorbantes, est une poussière finement broyée d'une roche Feldspathique désignée sous le nom de pegmatite tenue en suspension dans l'eau.

C'est ce qu'on nomme couverte ou vernis et qui produit la glaçure.

Il cuit au grand feu par dessus le dégourdi ou biscuit. L'émail de la porcelaine qui se vend à Paris est généralement beaucoup plus gras d'aspect et épais que l'émail de Sèvres. Aussi faut-il que le décorateur avant de peindre sur une pièce essaie la palette sur un tesson de porcelaine de la même pâte. Pour des peintures délicates il faut sur un émail épais des feux plus doux que sur émail maigre et employer de préférence des couleurs moins fusibles.

L'étude de l'échantillon ou inventaire des couleurs apprendra : 1° à quel degré d'épaisseur on les peut employer sans

crainte d'écailler, 2º quel est leur degré de fusibilité ou la
connaissance du fondant qui leur donne de la liaison et de
l'éclat, 3º comment elles se comportent en général sur la pâte
qu'on emploie pour l'échantillon. Les peintures artistiques
se font à deux feux et quelquefois trois pour des sujets à figures. Les feux de peintures de figures demandent plus de
modération que ceux des peintures de fleurs. On peut sans
inconvénient cuire un sujet à figures en 1er feu, à un 1er
feu de peinture de fleurs ; mais le 2e feu de retouche de figure doit être beaucoup plus doux si l'on veut que les rouges
qui sont des couleurs de fer restent frais ou ne soient pas
dévorés par le feu.

Cuisson de la peinture de porcelaine

Les couleurs de fonds sont quelquefois des couleurs de
moufle et peuvent cuire par conséquent aux feux ordinaires
ou au 1ı2 grand feu qui est le feu intermédiaire entre le
grand feu et le feu de peinture.

Les couleurs au grand feu, sont celles qui s'incorporent
dans l'émail, par la force du feu et ne se développent qu'à la
plus haute température.

Ce sont : Le bleu cobalt, le vert de chrôme, le brun de fer
de Mauganèse, le jaune d'Urane, noir d'Urane.

Les couleurs de moufle disparaitront toutes au grand feu.

Il faut les plus grands soins pour la cuisson de la porcelaine.

Les moufles doivent avoir été expérimentées et bien assai-
nies avant d'y cuire des morceaux importants. Leur forme
générale est celle d'un cube allongé dont la face supérieure
serait demi cylindrique, la porte qui est devant est par conséquent arrondie en haut; on y pratique à hauteur de l'œil
un canal tubulaire muni d'un trou rond par lequel on observe la couleur du feu et l'on glisse une tige de fer garnie
au bout, d'une fiche en porcelaine dite, *montre*, portant une
lèche de carmin, de bleu et d'or qui sert à guider pour la
cuisson, on la retire de temps à autre pendant la durée du
feu pour juger si le feu est suffisant à les développer. Le
moufles construites à demeures sont entourées d'un mur en

brique tout autour et on laisse un vide entre le mur et leurs parois pour le charbon ou le combustible.

Les feux ordinaires de peinture durent de 3 à 5 heures, le grand feu de four est de 36.

Avant d'enmoufler les pièces on garnit les planchers, de petites plaques de biscuit pour leur servir de support, et sur les bords des pièces, autant que possible, on en superpose d'autres, formant étages aux premières et ainsi de suite, évitant que les objets se touchent et aussi que les bords dorés ne soient pas trop chargés ce qui enlèverait l'or : sur le devant on place les échantillons qu'on a au bout de la tige de fer qu'on peut extraire et rentrer par le canal d'observation.

On ferme et on rebouche la porte très hermétiquement avec de la terre à four.

Cuisson au bois

Le bois qu'on emploie doit être reduit en buchettes d'autant plus fines et ménues qu'on veut obtenir une température plus forte et un coup de feu plus vif. Le tremble et le sapin sont préférables; à leur défaut, on emploie des fagots ou bourrées amenés à un état de dessiccation convenable. Le bois trop frais dégage des vapeurs humides défavorables à la cuisson de toute poterie.

Le bois qui a perdu sa verdeur conserve une plus ou moins grande quantité d'eau, on doit avant de s'en servir l'exposer quelque temps à l'air ou dans une étuve pour le sécher ; on ne doit pas pourtant le sécher entièrement ce qui lui ferait perdre sa force et exigerait quatre à cinq fois plus de combustible ; il faut aussi choisir du bois de 15 à 25 ans.

Le bois altéré donne moins de chaleur que le bois sain.

Celui qu'a produit un sol gras et ferme chauffe plus que s'il avait cru dans une terre marécageuse.

Toute fumée pénétrant dans la moufle peut noircir l'or et nuit au glacé des couleurs. Il faut entretenir le feu avec beaucoup de soin le bon bois doit donner une flamme très claire.

Cuisson au charbon

—

Pour cette cuisson on enveloppe la moufle de ce combustible et la direction du feu n'offre aucune difficulté. Le charbon le meilleur est celui du hêtre ou du chêne bien sain, et ne contenant aucun fumeron. Le temps suffisant pour la cuisson des couleurs et de l'or est d'environ deux à trois heures.

Les degrés de températures varient selon les besoins.

Le feu pour l'or mat dépasse la température de la fusion de l'argent.

Le feu des couleurs dures est de 950 degrés, celui pour les filets d'or est de 900. Celui de la peinture de fleurs est de 800 feu d'ébauches, le feu de retouche ou second feu pour fleur est de 700 — le 2e de retouche de figures est de 600. Celui d'or en coquille sur fond de moufle est de 500.

C'est en examinant la montre qui porte le carmin que le cuiseur se règle tout autant que par la couleur du feu qu'il remarque par le canal d'observation. Le carmin varie depuis le brun rouge sale au commencement de la cuisson il passe à d'autres nuances vermillon puis au carmin qui est le point voulu, si le feu est trop fort il passe au violet.

Pour la porcelaine tendre le 1er feu équivaut au feu de retouche de fleurs, le second feu de porcelaine tendre est plus faible, etc.

La porcelaine tendre, à cause de sa couverte, peut supporter des feux plus nombreux, jusqu'à quatre, sans que les couleurs s'en altèrent. La peinture s'incorpore et pénétre intimement dans l'émail tandis qu'elle ne reste que superficiellement à la surface de la pâte dure.

Le défournement doit se faire avec précaution quand la moufle est parfaitement refroidie.

On chauffe d'abord doucement, on active le feu et le coup de feu définitif doit être vif et rapide. Une cuisson trop lente ressuce les couleurs et nuit au glacé. On évitera de cuire une peinture délicate dans une moufle où on ne cuit que des ors à cause des émanations. Certaines couleurs de fonds décomposent parfois et empoisonnent la peinture qui cuit avec.

Les couleurs du peintre se décomposent souvent par trop de feu dans certains mélanges ou par trop de fondants qui les fait trésailler, écailler, verdir ou jaunir.

Les couleurs qui se fondent sont : les verts de cuivre — les bleus de cobalt et les jaunes d'antimoine dans lesquels entrent des oxydes qui seuls n'ont pas de couleurs et qui ne sont colorés qu'à l'état de sels c'est-à-dire en combinaison soit avec la silice, comme les verts de cuivre, les bleus de cobalt, soit avec le plomb comme l'antimoine.

Les couleurs qui se frittent sont celles qui n'ont pas le ton à l'emploi ; l'oxyde comme dans le cas qui précède n'a pas le ton qu'il doit conserver, mais la température de la fusion serait trop élevée, cette fusion préalable changerait la nuance que doit avoir la couleur. On mêle l'oxyde avec le fondant et l'on élève la température graduellement seulement pour ramollir la surface. — Ce sont les couleurs les plus délicates à fabriquer. On les emploie seules sans mélanges pour fonds. Le fabricant doit étudier les couleurs à trois températures différentes qui sont :

1º Au feu de moufle ordinaire.

2º Au grand feu de moufle.

3º Au grand feu de fours à porcelaine.

Sur porcelaine dure, porcelaine tendre, faïence fine, dure, faïence fine commune, etc.

Les Accidents

Ceux de fabrication produisent des défauts dans la peinture, tels que : bouillons, aspect de la coque d'œuf, coulage, écaillage, grains noirs, ponctuage, ondulations, ressui, retirement, ressuçage, trésaillures, aspect troué, déformé, cloqué, taché, jaune, vert, truité, fendu, vissé, soulevé. Un grain de poussière laissé à la surface avant de peindre, forme après cuisson une soulevure et une écaille.

Il faut alors reboucher au vernis copal et avec la peinture à l'huile et à froid ce qui se voit toujours. Le grippage ou écartement de la couleur qui se retire quand elle a été trop graissée en peignant se répare en rechargeant avec la même couleur et au pointillé puis en recuisant; il faut être bien attentif à ne faire que reboucher le blanc des écartements sans recharger la couleur déjà cuite, mais avant de retoucher si le grippage a fait épaisseur comme le plus souvent, sur le bord de l'écartement il faut user cette saillie en frottant d'abord la place avec le tuyau de pipe en terre et de l'eau pour rétablir le niveau.

L'emploi de certaines couleurs très fusibles telles que les bleus et les gris tendres avec trop d'épaisseur ou en trop grande partie dans un mélange forment ce qu'on nomme des yeux de perdrix, ou de petites pommelures qui écaillent souvent sous une température froide·

Les peintres de figures inexpérimentés qui abusent en premier feu de certaines couleurs, telles que, les ocres dans les ombres les verront brunir outre mesure au second feu et même écailler parfois. Une ébauche de figure doit toujours être très claire, très douce, fraîche de couleur et sans bruns violents au premier feu laissant jouer tant qu'on peut l'émail de la porcelaine sous la couleur, qu'on réchauffera et enrichira de pâte très facilement en second feu après avoir eu soin d'en assurer la belle glaçure par un bon premier feu d'ébauche de peinture de fleurs.

Aux grands maux les grands remèdes

Il est des cas désespérés où l'on est obligé d'enlever entièrement une peinture d'une pièce par suite d'accidents, on y arrive à l'aide de l'acide Fluorhydrique, corrosif très violent dont une goutte sur la peau suffirait à déterminer une ulcération très forte et souvent très lente à guérir, et dont la vapeur provoque l'inflammation des yeux. On l'emploie éten du d'eau, on couvre d'abord de vernis tout ce qu'on veut préserver de la morsure de cet acide (qui est en usage dans l'industrie pour graver sur verre) on trempe un pinceau dedans et l'on en couvre en frottant en rond toutes les parties de la peinture qu'on veut enlever; à mesure qu'on voit la couleur se délayer sous le pinceau, on l'enlève avec un autre pinceau plein d'eau essuyant au chiffon et revenant à la charge jusqu'à ce qu'on arrive au blanc de la porcelaine qu'il faut éviter d'entamer, il est bien entendu qu'on évitera de mettre à la bouche ces pinceaux.

On peut ainsi enlever tout entièrement la peinture d'une plaque ou d'un vase et repeindre de nouveau comme si l'on n'avait rien fait dessus. On m'a assuré qu'on pouvait activer la morsure dudit acide en chauffant la plaque et en mettant avec l'acide du sel marin.

Evitez en tout cas de respirer de telles émanations.

L'acide Fluorhydrique est une combinaison de fluor et d'hydrogène, gazeuse à la température ordinaire, d'une odeur pénétrante, fumant à l'air, très caustique, et soluble dans l'eau. On l'obtient en chauffant du fluorure de calcium avec de l'acide sulfurique concentré. On le conserve dans des bouteilles en cire qu'on peut recouvrir de papier de plomb autour du bouchon pour empêcher l'évaporation.

———

Il faut avoir soin après avoir fini d'enlever la peinture de bien décaper la place avec l'essence ou l'esprit de vin et de la poncer ensuite quelque temps avec la pierre ponce et de l'eau avant de repeindre.

———

Maniement du pinceau et clair obscur

—

Surface plate, surface courbe

—

Après avoir pratiqué l'étude des inventaires de couleurs et des principaux mélanges qu'elles forment, on s'exercera egalement sur des tessons d'assiettes où l'on aura tracé des cercles de différentes grandeurs avec du carmin d'aquarelle à les remplir de teintes plates bien unies sans dépasser les cercles, (on grattera à sec le contour si la couleur dépassait) pour apprendre à putoiser convenablement des teintes plates, minces ou soutenues. (Il est plus difficile de putoiser des teintes soutenues que des teintes minces et claires). On prendra ensuite devant soi une boule en relief telle qu'une bille de billard et l'éclairant du côté qu'on voudra, on s'étudiera à l'imiter en donnant aux cercles qu'on aura tracé, le modelé de clair de demi teinte et d'ombre qu'on observe dans la boule d'après nature, on emploiera pour le faire une seule couleu de la palette pour apprendre à modeler et à dégrader en putois. On verra que certaines couleurs sont beaucoup plus maniables que d'autres ; que les bleus par exemple, les pourpres et les carmins sont peu commodes à travailler, et veulent être plus graissés. On essayera de modeler aussi en pointillant et en hachurant puis rebouchant et serrant de plus en plus le travail jusqu'à un rentrage de points presqu'invisible, c'est ainsi que le miniaturiste-figuriste-porcelainier s'accoutumera à donner un fini précieux souvent nécessaire. Quand on saura bien modeler au pinceau, au putois, au petit point une boule, un œuf ou des perles, on aura acquis une beaucoup plus grande facilité pour modeler les traits d'un visage ou les surfaces variées du corps humain.

Il sera très utile d'arriver à ce travail avec diverses formes de pinceaux tout aussi bien qu'avec l'aide du seul putois.

On verra par l'expérience qu'il faut partout amincir et ménager bien graduellement l'épaisseur de sa couleur à l'approche de la lumière et qu'on peut procéder par deux à plats un pour la lumière mince, un pour l'ombre plus épais, après que le premier a séché et en dernier lieu, venir à sec par le pinceau et la couleur peu liquide lier l'ombre à la lumière par une demi teinte de hachures ou de points sans délayer le dessous.

Mécanisme de la palette de la porcelaine dure

Notre riche palette de Sèvres peut-être simplifiée pour chaque genre qu'on veut traiter, son étendue la rend utile à tous les genres. Elle renferme des types qui ne sont pas tous du même degré de fusibilité; l'étude des échantillons enseigne à faire glacer par des mélanges bien combinés la surface générale à la peinture.

On verra en s'exerçant à échantillonner des inventaires de couleurs pures et de couleurs mélangées à quelle épaisseur elles peuvent être employées sans danger d'écaille ni de trésaillure. Nous indiquons ici quelques mélanges particuliers : mélons par exemple du gris foncé 12 avec le jaune 46, nous obtiendrons un ton verdâtre purée de lentille.

Mêlons le 36 dur avec le 46 nous obtenons un vert jaune,

Le 43 avec le vert 35 nous donne un vert jaune brillant.

Le vert 34 bleuâtre, le pourpre 60 O et le jaune 46 donnent un gris noirâtre pourpré. Le rouge chair 62 et le vert 34 donnent l'équivalent d'un rosâtre foncé. Le carmin 59 T, tendre et le 28 T donnent un lilas très tendre. Si on remplace le bleu clair par un des bleus foncés on a un lilas plus foncé, et si on remplace le carmin par du pourpre ou du violet d'or on rentre dans les nuances violettes..

Le pourpre ordinaire a besoin de beaucoup de feu pour glacer, surtout dans la minceur. On y peut ajouter du gris tendre 14 qui le fait glacer sans en modifier notablement la qualité. Le 45 et le 63 rouge carminé donnent un orange rouge le 43 et 63, le 43 et 63 donnent aussi des rouges variés très-utiles. Le gris 15 mêlé de bleu clair 28 donne un beau gris perlé.

Il faut surtout bien se rendre compte des effets produits par les couleurs les plus fusibles en mélanges et en superposition avec celles qui le sont le moins.

Le 13 rosâtre, le jaune ivoire 47, le jaune 41 B, le carmin tendre, le gris 14 et le bleu clair 28 tendre sont les couleurs les plus fusibles et qui employées à propos par mélanges ou en superposition aux autres couleurs servent à uniformiser la glaçure de toute peinture sur porcelaine qui constitue une condition essentielle dans l'art céramique.

On a quelquefois besoin d'ajouter aux couleurs rebelles au glacé plus ou, moins de certains fondants dont l'expérience enseigne la dose par des essais fréquents, et que les chimistes préparent spécialement car les fondants aux couleurs d'or ne sont pas les mêmes que ceux pour les autres couleurs.

Les effets de superpositions en second feu sont souvent très différents des effets par mélanges. Les fondants appliqués en superposition à certaines couleurs cuites peuvent s'ils ne sont pas les fondants qui conviennent dévorer entièrement ou décomposer le dessous cuit.

Les ocres et les rouges se mêlent bien et donnent des tons chauds, l'ocre 50 A V, fait exception ne se mêlant pas aux rouges mais très bien avec les verts. Ils remontent et foncent au 2° feu. Soyez circonspects.

On trouve dans le commerce certaines couleurs anglaises fort bonnes mais qu'il faut essayer.

La plupart des jaunes anglais sont à base d'argent. Les carmins, les pourpres et violets d'or sont des couleurs d'or se mêlant également bien aux 41 B 43 E, 43 F, 46, à tous les bleus et tous les verts.

Les carmins contenant du chlorure d'argent tirent plus tôt sur le ton rose doré.

Superposés, aux jaunes font de très beaux rouges vermillonnés. Ils peuvent être superposés à certains rouges quelquefois mais ils les dévorent quand ils sont minces. Les carmins et les pourpres mêlés aux couleurs de fer donnent des tons sales et décomposés, les bleus ne doivent pas non plus se mêler aux couleurs de fer. On doit ombrer des bleus avec des pourpres et des jaunes, et certains bruns. Mais il faut toujours essayer si on ne veut s'exposer à des mécomptes.

Exercices à faire sur porcelaine dure

Camayeu et colorations superposées au 2ᵉ feu

Sujets de figure. On copiera d'après de bonnes lithographies ou photographies quelque jolie tête d'étude avec une seule couleur — pour bien apprendre le maniement du pinceau et du putoi ; on prendra pour cela du gris rosâtre qui est une couleur très fusible. On cuira. — Premier camayeu .

On en fera un autre avec le violâtre pâle.

Un autre avec le violâtre foncé.

Un avec du rouge de chair tendre.

Un avec du rouge laqueux.

On cuira toutes ces études au feu ordinaire de peinture e après leur cuisson les considérant comme des estampes que l'on voudrait enluminer on essayera de leur donner par des superpositions la coloration vraie. Le dessous étant cuit facilitera ce travail.

Voulant faire, par exemple, par dessus le camayeu rosâtre une coloration de tête blonde, on passera sur les cheveux un léger à plat d'un mélange d'ocre et de jaune ivoire c'est-à-dire du 50 jaune ocre plus 17 jaune ivoire, on le putoisera soigneusement et le laissera ensuite sécher.

On posera sur tout le visage la teinte locale de chair qu'on fera d'un mélange de jaune ivoire et de rouge de chair 62 tendre. On mettra sur les joues un peu de rouge de chair ou de rouge carminé 63 tendre et on putoisera ces rouges de façon à les dégrader dans la teinte locale comme l'incarnat des joues, on posera également le rouge de chair sur les lèvres. L'emploi des couleurs ne doit pas être trop maigre, ni trop gras pour se prêter à un putoisage aisé sans que le putois enlève ce qu'on a posé. On mettra un peu de rouge brun 67 ou de rouge 64 carminé avec une pointe de brun roussâtre très finement touché pour ombrer le dessous des paupières et on touchera les prunelles avec du vert bleu et du violâtre pâle, on fera le noir des prunelles avec un point de violet d'or ou de brun sepia 75. On touchera plus fortement et finement à sec les cheveux avec le brun de bois 70. On réchauffera les ombres de la figure en les repiquant avec du rouge carminé 63 T et un peu d'ocre, on avoisinera les lumières de demi-teintes grises très légères autour de la racine des cheveux pour faire un intermédiaire de demi-teintes, autour des joues, du menton, aux coins de bouche, au-dessous des lèvres. On repiquera avec un peu de fermeté avec du rouge de chair 62 du 63 rouge carminé et un peu de brun de bois 70, les ouvertures ou creux des narines l'intervalle et les coins des lèvres du rouge chair tendre pour les glandes lacrymales.

Si l'on voulait sur le camayeu fait au violâtre pâle faire une coloration plus montée moins blonde, on opèrerai comme précédemment en remplaçant l'ocre du mélange des cheveux par du brun de bois. Dans le ton local de la peau on remplacerait le rouge chair par du rosâtre — composant le mélange local de rosâtre et de jaune ivoire — puis l'incarnat des joues se faisant avec le 63 et le reste des rouges et parties d'ombres sanguines avec le rouge 63 carminé et les repiqués avec le 63 additionné de 70.

On aurait en somme une coloration de tête plus brune et les prunelles seraient touchées aussi de quelque brun mordoré.

Un ton de peau plus doré s'obtiendrait d'un mélangé de rouge orangé 55 mêlé de jaune ivoire. Le reste comme plus haut.

Des cheveux noirs s'obtiendraient avec du brun de bois et du gris 12 ou avec le noir brunâtre 18 et des luisants faits de gris 15 et d'un peu de bleu 28. Les commençants auront plus d'une fois occasion de se décourager de voir qu'ils dépouillent facilement le dessous de ce qu'ils ont ébauché quand en reprenant le modelé d'un morceau, ils prennent trop d'essence ou de couleurs dans leur pinceau et noyent tout ce qu'ils ont souvent fait à grand peine, mais ils verront bientôt qu'en prenant leur couleur bien graissée, à point, et par dessus un aplat qui est suffisamment sec, ils arrivent à de la netteté et de la fermeté dans le modelé.

Que si l'on voulait tenter de faire les lèvres avec des carmins et l'incarnat des joues, et d'introduire les couleurs d'or avec les ocres et les autres couleurs employées pour les chairs on obtiendrait des joues et des lèvres violettes.

Les draperies qui accompagnent souvent les figures comportent une plus grande liberté dans les mélanges. On cherche généralement à établir des contrastes d'oppositions heureuses entre les lumières et les ombres ; il s'agit toujours de faire briller les lumières, on y arrive par de bons contrastes de couleurs et de tons, si une draperie a des lumières jaunes on les entourera de demi-teintes violettes et d'ombre violacées si les lumières sont violettes on mettra de la chaleur dorée dans les ombres. Si les lumières sont bleues on fera des ombres orangées, pourprées et des demi-teintes verdâtres près des lumières, si les lumières sont orangées on fera des ombres froides bleuâtres ou verdâtres. Les lumières vertes entraineront des ombres rougeâtres, des lumières rouges voudront des ombres verdâtres, et chacune de ces draperies contrastera non seulement par le choix de la couleur, mais aussi par la valeur du ton avec la localité de couleur de chaque carnation individuelle.

Si l'on voulait après l'étude des colorations de figures par-dessus un camayeu, cuit depuis le camayeu 13 rosâtre le plus clair jusqu'à celui 66 B violâtre foncé qui est le plus vigoureux, trouver d'autres teintes composées chaudes ou froides pour les ombres, il serait facile pour de très petits sujets qu'on voudrait traiter un peu en croquis d'aquarelle, d'employer par exemple un camayeu brunâtre fait de jaune ocre

50 mélangé par moitié de violâtre pâle. Toutes les couleurs de la palette seraient favorables par dessus cette préparation en superposition après la cuisson.

Veut on procéder sans préparer en camayeu le dessous en premier feu pour les chairs d'homme ; après avoir fait le tracé de votre figure au carmin à l'eau commencez par un aplat général de jaune ivoire, mêlé de gris rosâtre et d'une pointe de rouge carminé 63, laissez sécher ; pour revenir et faire la masse des ombres, graissez convenablement votre couleur de façon qu'elle ne coule pas dans le pinceau, massez avec le même mélange plus un peu de violâtre pâle au lieu de rouge carminé, mettez-y un peu de jaune ocre dans les reflets et du 63 rouge carminé pour la bouche ; les prunelles avec du 66 violâtre foncé et un peu de brun de bois 70. Si vous les voulez foncées ou avec du roussâtre ou du vert bleu et du 66 violâtre pâle. Si vous les voulez gris bleuâtre, pour les vigueurs et repiqués, employez le 63 et le brun 70, ou du 64 rouge laqueux et de l'ocre 50.

Les cheveux noir se font avec du 75 brun sepia et du violet d'or ou du gris foncé 12 et du violâtre foncé, rehauts de 68. Pour réchauffer, on laisse bien sécher le tout pour le dépouiller à l'aiguille et le modeler plus finement en amincissant à propos la couleur dans les lumières et on rebouche ensuite au pointillé dans les endroits trop dépouillés et dans les ombres, qui, si elles étaient trop épaisses de couleurs pourraient écailler ou s'étaler au feu sur un émail un peu gras comme on le voit sur certaines petites plaques du commerce employées pour broches. Si l'on veut donner plus de fraicheur aux lumières, il est bon de les avoisiner de gris, mais en tenant ces gris à peine sentis pour qu'ils ne dévorent par les parties rosées formant ce qu'on appelle du décousu, ou des tâches ; n'employez pas pour cela de bleus tendre, mais du gris que vous aurez essayé, ou un mélange qui est le composé du vert bleuâtre Morteleque et de violâtre d'un effet souvent fort heureux.

Voici un arrangement de palette pour la figure qui est des plus simples et qui par là même, sera utile aux novices ; on la peut disposer sur un morceau de verre carré long, sous lequel on collera avec la colle de pâte une feuille de papier portant les numéros des couleurs tracés à l'encre aux endroits où l'on disposera chaque tas de couleur dans l'ordre suivant:

Gris	Violâtre foncé	Violâtre pâle	Rosâtre	Sanguin	Sanguin laqueux	Rouge carminé	Rouge de chair	Jaune d'ivoire pour les chairs
12	66 B	66	13	58	64	63 T	62 T	47
6	7	8	9	10	11	12	13	14

Cette palette de 19 couleurs ainsi disposée dans 19 cases contigues est très suffisante pour la peinture de figures.

5	Gris bleu	15
4	Noir brun	18
3	Outre-mer	25
2	Bleu ciel tendre	28
1	Vert bleu morteleque	34

15	Jaune ocre ordinaire	50
16	Orangé	55
17	Brun de bois	70
18	Bitume sepia	75
19	Vert brun	39

59 T	60 O	65	
Carmin tendre	Pourpre	Violet d'or	
36 T	32	34	
Vert foncé	Vert émeraude	Vert clair	
43 C	41 B	50 A V	14
Jaune clair	Citron jaune à bruns et à vert	Ocre à vert	Gris tendre

Les 10 couleurs ci-inscrites complètent la palette du paysagiste.

Il suffit d'ajouter ces 10 couleurs dans 10 cases de plus pour avoir les couleurs nécessaires que le peintre de fleur ou le paysagiste doit posséder indispensablement en plus, pour ses travaux beaucoup plus variés dans les verts, les bleus et les roses et les pourpres. L'ocre à vert le jaune à bruns et à vert et le gris jaunâtre tendre ne se mêlent pas ou très incomplètement avec les rouges de fer employés pour la figure, conviennent aux pourpres, aux carmins, aux verts, avec lesquels ils font de très bons tons rompus.

Quelques mélanges utiles pour la peinture des fleurs

Semés de fleurettes des champs.

Coquelicots lumières rouge orangé 55.

Ombre rouge 63 et 64, liées par des gris intermédiaires,

Cœurs noir 18, — et violet d'or.

Tiges vert 32, ombrées de 60 O, pourpre ordinaire variées de touches d'ocre 50 à verts.

Barbots. Bleu outremer mêlé de bleu tendre 28 ombré de bleu foncé 24 et de pourpre 60. Un peu de vert bleu dans les clairs.

Tiges et feuilles verts 36 foncé tendres, rompues de jaune et pourpre 60 O.

Les fleurs bleues foncé peuvent s'ombrer de vert bleuâtre 34 mêlé de 60 O pourpre ordinaire,

Marguerites blanches s'ombrent de gris 14 tendre dans lequel on peut ajouter un peu de carmin dur et de vert bleuâtre 34. Le cœur se fait de jaune 41 B, ombré de 46. On les rehausse de blanc fixe.

Les fleurs blanches en général peuvent s'ombrer par des gris composés dans lesquels on fait entrer des verts clairs anglais, verts gris, qu'on mêle aux carmins.

Il est bon pour le peintre de fleurs de savoir varier ses gris de les refléter à propos en les teintant de jaune clair 41 B, plus ou moins rompu de pourpre et de carmins ; le plus ou moins de carmins dans les jaunes 41 B ou le 43 jaune clair avec des verts donne la clef des gris variés qui concurremment avec le gris 15 bleuâtre, avec les bleus 28 tendre carmin et jaunes clairs, contribuent à la vérité d'imitation qu'on recherche dans les roses blanches aux paleurs suaves et lumineuses.

Les roses se font en ébauche de carmin tendre dans les clairs et les minces de carmin dur, dans les ombres avec des bleu 28 tendre et une pointe de 41 B, dans les gris d'ombre, quelquefois du gris tendre 14 avec du jaune 47 dans les minceurs. Les verts 32 d'émeraude pour les feuilles, ombrés de vert chaud fait de 36 tendre et de 46, quelquefois varie de pourpre mêlé de 46 on varie les feuilles vertes par des oppositions de verts bleuâtres avec les verts roux qu'on mêle d'ocres 50 AV certaines brindilles fuyantes se silhouettent avec du gris rosâtre ravivées par place de rouge 63 ou 64 ou avec des 13 roussâtres. On fait des verts jaunes très beaux avec le vert 32 émeraude et le jaune 41 B, avec du vert foncé tendre 36 T et du jaune clair 43 C, les repiqués de pourpre et de carmin dur font bien dans les verts. Un très beau vert 39 olive est utile pour des verts sombres.

Les couleurs d'or doivent être employées minces et avec beaucoup de circonspection pour ne pas écailler, il est utile d'en bien posséder l'emploi. Les couleurs fortes, puissantes et éclatantes en même temps s'obtiennent en préparant les dessous à des superpositions convenables. Les rouges orangés des capucines peuvent se préparer avec des jaunes en premier feu des bruns et des pourpres, certaines parties avec le jaune d'urane pur. On superposera des carmins et des pourpres en 2e feu.

On évitera l'emploi du violet d'or pur en grande partie pour faire des teintes violettes, il glace peu, il faut le ramener par une superposition, on le mélange avec du bleu ciel 28 tendre. Les pourpres, les bleus et les carmins se marient tous admirablement.

Paysage. Effet de plein jour, temps clair

L'ébauche d'un paysage peut se faire en préparant les ombres des fonds et les lointains, d'abord avec des gris bleus 15 mêlés de bleu 28 T et d'un peu de carmin pour masser. A mesure que les plans se rapprochent, on peut mêler du 13 rosâtre, du 63 et du bleu 24 d'azur plus un peu de jaune 43, à mesure que les ombres se rapprochent de l'œil on prend des couleurs de fer 66 pâle, des ocres et des vert bleus sur les premiers plans, du 39 vert olive avec des gris 15 bleuâtres, du 66 violâtre foncé et du jaune 43 clair. Les jaunes, les roussâtres et les gris 12, 15, les gris 14 et le bleu 23 outremer, sont d'un bon emploi dans le tronc des arbres avec les ocres et les bruns de bois et bitumes.

Après avoir disposé la masse des ombres par plans avec des gris bleuâtres et violassées se rechauffant graduellement à mesure qu'on arrive sur les devant, on ébauche largement et grassement le ciel comme une mosaïque supposons qu'il soit bleu avec quelques nuages blancs, on commencera par faire les gris d'ombre des nuages avec du gris 15 et du bleu tendre et un peu de jaune ivoire. On fera les blancs des nuages avec le jaune ivoire qu'on égaiera par place d'un peu de rosâtre, ou variera si on veut ces gris d'ombre avec le bleu 28 le 15 et le 63 rouge carminé.

On composera le bleu du ciel en le dégradant par zones plus foncées en haut, le bas plus lumineux et plus turquoise on obtiendra un bon effet du mélange de 28 ordinaire avec le jaune ivoire dégradé en plus foncé vers le haut par du 24 et du vert bleu morteleque ; on putoisera cette mosaïque de façon à attenuer les exagérations des taches et à fondre la lumière dans les ombres. Quand les ébauches d'ombre du paysages seront bien séches on passera sur les lumières les verts variés, verts lumière, verts bleus, verts jaunes, les roussâtres et les tons gris rompus des terrains par aplat généraux, le tableau se couvrira comme on procéderait pour l'ébauche d'une aquarelle et une fois le champ du tableau couvert on reprendra chaque détail en nourrissant la couleur de chaque objet, en s'occupant de le modeler plus ou moins selon le besoin et l'exigence du sujet. On prendra garde aux verts des seconds plans et aux jaunes clairs qui peuvent entrer dans les mélanges, ces couleurs se développant de plus en plus au feu deviendraient trop criardes si l'on n'en ménageait l'emploi. Les pourpres et les carmins fournissent les moyens de les assourdir.

C'est au second feu qu'il faut réserver les taches brillantes et les bruns vigoureux.

La palette du paysagiste est toute aussi difficile a bien employer et à bien connaître que celle du peintre de fleurs et du figuriste, nous ne prétendons aucunement donner ici de recette pour faire une figure, une fleur ou un paysage. L'étude de l'art est, comme chacun sait, aussi variée, aussi infinie qu'il y a de sujets et de genres, et même aussi infinie que l'infinité des personnes qui aiment à s'en occuper. On ne saurait donner une grammaire, ni une géométrie des arts, mais on peut faire ce que je fais ici indiquer : l'emploi de quelques mélanges fréquemment usités de couleurs, en signalant l'utilité de quelques-uns et l'inconvénient de quelque autres.

C'est au chercheur à renchérir sur tout cela et à trouver par lui-même, les moyens de rendre et d'imiter ce qu'il voit, il en apprendra bien plus par lui-même que dans tous les livres, mais les premières difficultés une fois surmontées il ira toujours se perfectionnant par la reflexion sur lui-même et les conseils et l'expérience des autres.

L'imitation des papillons et la peinture des animaux rentrent dans les mêmes moyens pour les mélanges de couleurs que les sujets de fleurs, fruits et de paysages et marines.

Mécanisme de la palette de la porcelaine tendre

Nomenclature des couleurs de l'assortiment de Sèvres

1. Blanc pur, 2. violâtre, 3. gris bleuâtre, 4. noir pur, 5. bleu pâle, 6. outremer, 7. azur, 7 bis. indigo.

8. Jaune à rouge, 9. jaune clair, 10. jaune moyen, 11. jaune foncé, 12. jaune d'urane.

16. Vert pur, 17. vert foncé, 18. vert bleuâtre, 32. de la porcelaine dure, vert émeraude, 20. vert noirâtre, vert bleu morteleque.

21. Brun jaune, 22. brun roussâtre, 23. brun de bois, 24. brun sépia, 25. noirâtre, 26. mordoré, 27. rouge sanguin, 28. rouge laqueux, 29. brun rouge, 108 brun morteleque.

30. Violet de fer, 31. id. foncé, 32. carmin foncé, — trop cuit passe au violet — 33. pourpre ordinaire, 34. pourpre brun, 35. violet d'or.

59 A F. Carmin tendre anglais foncé de la porcelaine dure.

Cette palette est l'ancienne nomenclature qui a été faite pour la pâte de porcelaine tendre qui se fabrique à Sèvres, toutes ces couleurs se mêlent ensemble sans aucune difficulté.

Il faut seulement que le praticien s'accoutume aux mélanges gouacheux avec les blancs et à l'emploi trompeur pour l'œil des carmins, des pourpres et des jaunes plus ou moins additionnés de blanc pour faire les roses et les tons de chair ; l'empatage convenable du blanc pur est d'un emploi assez malaisé, s'il est trop épais il bouillonne.

Le public n'étant pas appelé à peindre sur la pâte tendre de la manufacture de Sèvres, dont elle ne fait pas commerce, nous ne nous attacherons donc pas à l'étude développée des mélanges de cette palette. Nous donnerons ici une palette simplifiée , analogue, pouvant servir pour peindre sur porcelaine tendre du commerce Française ou étrangère.

Nous la subdiviserons en cinq catégories ou subdivisions de couleurs, 1º les blancs, 2º les couleurs d'or, 3º les jaunes, 4º les bleus, verts-bleus et noirs, 5º et les bruns.

Les blancs que le commerce vend sous le nom de blancs fixes et blancs à mêler qui varient en degré de fusibilité, et qui correspondent au blanc excellent de la palette de Sèvres, dit blanc André nº 4.

Les blancs dit chinois, Collville, Guyonnet, blancs à mêler pour pâte tendre de Bunel, Mortelèque Dubois, ou autres, sont tous à essayer. On devra donc se procurer chez les divers fabricants qui vendent les couleurs vitrifiables l'assortiment suivant qui correspond aux principales couleurs de Sèvres.

Le blanc chinois Guyonnet, très recommandable , d'autres sont à essayer également et il est bon d'en essayer de plusieurs fabricants car ils ont des influences diverses sur les mélanges. Le blanc Guyonnet rechauffe les carmins, il en est d'autres qui les refroidissent, le blanc Salvetat, actuellement employé à Sèvres, est excellent pour les bleus et les verts-bleus, refroidit les carmins. Il faut donc employer et expérimenter pour se monter une palette, ceux qu'on trouvera les meilleurs. Il est des blancs qui salissent les carmins et qu'on doit rejeter.

Revenons à notre liste :

1º Le blanc ; 2º du carmin clair, du carmin foncé, du pourpre ordinaire et du pourpre brun ; 3º du jaune pâle citron, du jaune moyen et du jaune foncé ou jaune d'urane ; 4º du vert bleu, du vert jaune 4 Mortelèque, du vert pré clair anglais, du vert noir, de l'outremer, du gris bleu ; 5º du brun 15 Guyonnet, du brun 4 orangé de Bunel, du brun 108 Mortelèque.

Formant en tout 18 couleurs ou 19 si l'on trouve deux bons blancs ayant chacun des qualités particulières.

On y peut ajouter le brun dit violet manganèse des peintres sur verre. Un noir équivalent au noir 4 de Sèvres.

Nous recommandons le plus grand soin à broyer d'abord très finement, toutes les couleurs à l'eau pure l'abord. On les graissera ensuite comme pour l'emploi de la palette dure, en les rebroyant ensuite à la molette évitant le contact du couteau de fer. On préférera la lavande grasse à la térébenthine grasse pour graisser la couleur, le maniement du putois est plus facile avec l'essence de lavande grasse. (Cette opération s'applique aussi à la préparation des couleurs pour la porcelaine dure, on a l'avantage avec l'emploi de le lavande grasse de n'avoir jamais d'accident de grippe) elle est beaucoup plus chère seulement et exige qu'on couvre soigneusement le travail, la lavande attire la poussière dont elle se couvre très facilement, la peinture devient matte et ambue, mais on s'y accoutume bientôt.

Mélanges à échantillonner

Les couleurs gaies, claires et vives, sont faciles à obtenir, en les appliquant plus ou moins minces, plus ou moins mêlées et riches de blanc. Il faut s'attacher en échantillonnant, à trouver surtout des tons bien pleins et puissants en vigueur. Les carmins mêlés aux jaunes pâles avec des blancs donnent des tons de chairs, clairs avec le jaune moyen des tons plus foncés, le ton rougeâtre jaune brun, si on veut ces tons plus rouges, mettez deux parties au lieu d'une de carmin, si on les veut plus jaunes, mettez reciproquement 2 parties des jaunes pour une de carmin dans les mélanges.

Mêlez le brun orangé avec le pourpre vous avez un beau brun rouge, même méthode que précédemment pour le nombre des parties de chaque couleur :

1 partie de brun orangé.

2 parties de pourpre. — Fait un mélange.

Ou 2 parties de brun orangé.

Avec 1 partie de pourpre. — Second mélange.

Mélangez de même le brun 15 avec le violet pourpre vous aurez un beau bitume.

Mêlez brun 15, vert pré et violet pourpré, vous obtenez un autre bitume, ajoutez-y au besoin un peu de Manganèse vous lui donnez encore plus de puissance ; le brun orangé et le manganèse font un bitume plus clair

Essayez le noir, le brun manganèse et le brun orangé.

Tous ces melanges doivent être essayés sans blanc d'abord et avec le blanc ensuite.

Les bleus et les verts se comportent parfaitement en général avec les blancs, je recommande particulièrement de ne pas toucher ces couleurs au couteau de fer, il suffit de les relever au couteau de corne ou d'ivoire et le mélange de deux couleurs se fait plus intimement après avoir posé avec le couteau d'ivoire ou de corne chaque tas à côté l'un de l'autre pour les mêler ensemble avec le secours de la molette.

Le vert noir avec plus ou moins de blanc fait un très bon vert pour des plans fuyants.

***

Le praticien qui voudra se familiariser promptement avec la porcelaine tendre, procédera d'une façon analogue à la méthode indiquée pour la porcelaine dure en s'exerçant aux divers genres en commençant par des camayeux ou grisailles à différentes bases chaudes ou froides, monochromes qu'il enluminera ensuite, d'après la connaissance des essais et échantillons de tous mélanges.

L'expérience et de nombreux essais sont les seuls moyens de se perfectionner dans cette peinture.

***

Peinture sur émail. Emaux en général.

La peinture d'émail qui s'applique particulièrement aux objets de très petites dimensions tels que les bijoux, les sujets pour broches, les miniatures portraits, genre ou excellait l'illustre Petitot a pour base exactement la même palette que la porcelaine tendre. Le travail de l'artiste est une véritable miniature, le maniement du pinceau en est le même.

Les plaques d'émail se font sur cuivre ou sur or, quelquefois sur platine qui est le métal qui peut supporter sans déformation la plus haute température. Les miniatures émail, ne doivent pas subir plus de trois feux, ces feux se donnent dans un fourneau particulier, dit fourneau à émail et cuisent à feu découvert sur le charbon ardent. Cette cuisson exige une foule de soins, de précautions et une certaine expérience.

Les émaux se composent principalement de Silice d'oxyde d'étain et d'oxyde de plomb. C'est l'oxyde d'étain qui donne l'aspect blanc du lait, opaque à la couverte des fayences. Le mot émail vient de l'Italien Smalta qui vient du latin Maltha espèce de ciment. Mot qu'on applique en général à toute espèce de vernis vitreux, verre opaque ou transparent incolore ou coloré qui s'applique aux poteries, à la fayence, sur l'or, l'argent, le cuivre, le fer et le platine. On essaye les couleurs sur des petites plaques d'émail comme on a fait des échantillons sur la porcelaine.

Le blanc contrairement à la porcelaine tendre ne doit être mélangé aux couleurs qu'avec une extrême réserve, il vaut toujours mieux s'en abstenir et ne le réserver que pour des rehauts de points lumineux pour lesquels la blancheur de la pâte serait insuffisante, toutes les parties claires d'une peinture doivent être réservées comme dans l'aquarelle, les parties ombrées et vigoureuses peuvent s'empâter comme dans la peinture à l'huile sans crainte d'écailler. Mais les demie-teintes doivent toujours être traitées avec beaucoup de légèreté.

Les teintes délicates et argentines s'obtiennent avec beaucoup de facilité, il n'en est pas de même des tons vigoureux surtout ceux qui sont plus tôt bruns que violets. Il faut pour les obtenir les combiner depuis la première ébauche ; les soutenir ensuite toujours par des tons analogues roux et chauds de manière à les conduire graduellement jusqu'à la teinte définitive qu'ils doivent avoir à la troisième cuisson.

Cette gradation combinée et bien conduite est indispensable pour arriver à de certains effets de grande vigueur sans dureté ni sécheresse.

On voit d'après cela que, comme dans la porcelaine tendre, la bonne réussite ne peut et ne doit se faire que par la succession des ébauches bien combinées. J'entends par succession d'ébauches cette conduite bien graduée dans les teintes, dont je viens de parler, car elles ne doivent avoir toute leur vivacité et toute leur grande vigueur que tout à la fin.

Ce procédé est le seul qui puisse donner pour résultat une peinture franche, vigoureuse, harmonieuse et transparente. C'est encore le seul par lequel on puisse obtenir avec certitude la teinte exacte puisqu'on l'aura préparée et amenée graduellement.

Le manque de connaissance à cet égard serait pour le praticien novice, la cause de certaines difficultés dont il ne pourrait jamais se rendre compte exactement et par conséquent qu'il ne pourrait jamais entièrement surmonter. Il serait surpris à chaque instant et dans l'émail tout doit être calculé et prévu.

Les heureux hasards, les accidents de pinceau qui dans la peinture à l'huile servent quelquefois heureusement l'artiste, ne secondent jamais le peintre d'émail. La tête, c'est-à-dire, la réflexion qui prépare le travail de chaque instant doit sans cesse conduire la main.

Cette suite de calculs de réflexions et de combinaisons constitue la plus grande difficulté de ce bel art.

Aussi souvent qu'on voudra traiter des sujets différents de couleur et d'effet aussi souvent, on devra changer et modifier les combinaisons précédentes en s'aidant néanmoins du principe que je viens d'indiquer pour base invariable et constante de la manière d'opérer.

A ces conditions je dois ajouter celle de ne pas trop multiplier le nombre des cuissons ; car l'expérience fait connaître que pas une seule des couleurs du peintre ne sort intacte de l'épreuve du feu. On aura soin de se réserver pour les derniers glacés des ressources de vigueur qui n'aient à supporter qu'une seule cuisson.

La manière d'ébaucher les chairs consiste eu une teinte mélangée et nuancée de jaunes et de pourpres, ce qui donne après la cuisson un ton rougeâtre sur lequel on pose au second feu seulement des teintes variées et graduellement ainsi jusqu'au dernier feu. Si l'on essaye de procéder différemment et de mettre dès le premier feu toutes les teintes variées d'une peinture, elles ne résistent pas au feu se détruisent et s'altèrent plus vite que lorsqu'elles sont soutenues par la préparation en camayeu rougeâtre. On ne saurait trop recommander pour ce genre si difficile la multiplicité des essais.

Si les mélanges employés, n'ont pas réussi sur un travail, on n'a d'autre ressource que d'user avec beaucoup de précaution, la couleur qu'on veut enlever avec la pierre à user, très

douce ou de la pierre ponce pilée et tamisée ; après cela avant
de peindre repasser au feu pour rendre à l'émail le poli, sans
cette précaution ce qu'on remettrait par dessus, demeurerait
terne et ferait tache.

Le vermillon n'existant pas dans la palette, si l'on voulait
obtenir l'équivalent de cette couleur pour quelque draperie
les parties éclatantes devront être comme dans la porcelaine
tendre, préparées en jaune le plus clair et brillant, les ombres seront graduées selon leurs couleurs leurs reflets différents et leur intensité, cette première préparation doit cuire
avant de la recouvrir de la teinte pourprée la plus approxi-
mative de celle que l'on veut obtenir, les pourpres sont ou
plus roses ou plus violets les uns que les autres c'est à l'artiste qui les emploie à les bien connaitre.

Les soins extrêmes pour la finesse et la régularité du
broyage des couleurs seraient ici la redite des recommanda-
tions pour la porcelaine tendre. Les praticiens habiles emploient même l'eau distillée pour le broyage à l'eau dans la
crainte que les impuretés des eaux ordinaires n'altèrent certaines couleurs, après le broyage à l'eau on les délaye avec
l'huile de lys ou de lavande, la première n'est pas siccative
l'autre l'est davantage et s'évapore plus facilement à la chaleur du feu.

Quand on veut cuire il faut préalablement bien sécher et
évaporer l'huile devant ou dessus un feu doux et sans trop de
promptitude afin d'éviter des soulevures que l'ébulition oc-
casionnée par un feu vif produirait immanquablement.

Cette opération du séchage laisse toutes les couleurs dans
l'ordre ou elles ont été posées, mais leur donne un aspect mat
général d'un gris cendré. C'est dans cet état qu'on peut mettre la peinture dans le feu de charbon très vif et ardent sous
la moufle, elle doit y rester jusqu'à ce qu'elle soit en fusion,
ce qu'on connait quand perdant tout à fait l'aspect mat elle
reprend à sa surface le brillant naturel de l'émail. Il faut
bannir de l'emploi de la palette, toute couleur qui ne prend
pas le glacé ou brillant dont je parle.

La plupart des cassures qui surviennent aux émaux, sont
généralement occasionnées par un manque de précautions et
de gradualité, dans la cuisson, on les fait chauffer ou refroi-

dir trop brusquement. L'émail qui est une espèce de verre et la plaque de métal sur lequel il est posé doivent chauffer et refroidir graduellement ensemble et il ne se fera alors entre elles aucun tiraillement qui puisse le désunir.

Choix et qualités des couleurs

Il est très important qu'elles joignent à la beauté du ton la facilité de se mettre en fusion et que toutes celles qu'on emploie soient autant que possible également fusibles, car si on devait forcer le feu pour en faire glacer une plus dure ou moins fusible que les autres, ces dernières s'altèreraient par le plus ou moins de chaleur qu'elles auraient à subir.

Choix des plaques

On les prendra d'un blanc aussi pur que possible sans trous ni points, ni bouillons, et on aura soin d'essayer les couleurs sur des plaquettes exactement préparées avec le même émail et sur le même métal que celles sur lesquels on doit faire son travail. La maison Guyonnet vend des petites plaques ovales pour broches et portraits sur cuivre qui sont dans de fort bonnes conditions de fabrication et de prix.

ÉMAUX GENRE LIMOUSIN

Illustré par Jean Toutain, orfèvre de Chataudun, en 1630, célèbre par ses bijoux émaillés.

Ces sortes d'émaux qui s'exécutent sur fond noir ou bleu très sombre, sont formés de grisailles obtenues avec des émaux blancs opaques appliqués assez épais, que certains artistes colorient légèrement de quelques teintes rosées et autres après le premier feu. On fait en ce genre, des portraits, des compositions sévères à la manière des camées antiques ou bas reliefs qu'on enjolive parfois de rehauts d'or. La galerie d'Apollon au Louvre renferme ainsi que le Musée de Cluny des ouvrages remarquables des anciens maitres qui ont pratiqué cet art. (Voir la notice de M. Laborde, émaux du Louvre 1853).

On décalque d'abord sur la plaque à fond noir ou foncée le trait du sujet avec du papier frotté de minium couleur qui se brûle au feu, on le repasse et le purifie, s'il y a lieu avec le même minium qu'on prend en poudre et qu'on délaie à l'eau avec un peu de gomme arabique ce trait repassé à l'eau on décape, ou nettoie la surface entière de la plaque au chiffon, avec l'essence maigre qui n'enlève pas le trait rouge passé à l'eau et qu'on a tenu le plus fin possible.

On délaye ensuite du blanc d'émail qui sert pour la porcelaine qui a été très soigneusement broyé à l'eau d'abord, on le graisse ensuite comme pour la peinture avec de la lavande grasse, et avec un pinceau, on remplit la silhouette renfermée dans le trait rouge de chaque partie du dessin qu'on veut exécuter : mais ce travail est tout autre que la peinture. Le pinceau chargé de blanc ne doit pas déposer ce blanc par lèche mais par gouttes, plus ou moins épaisses, qu'on vient ranger et juxtaposer formant une surface uniforme mince aux bords du contour et épaisse sur *les* parties saillantes du modelé : qu'on se figure, qu'on fait une sorte de bas relief très plat dont les bords des contours viennent mourir en goutte de suif sur le fond.

Il faut prendre un morceau pas trop étendu et le finir du premier coup au point voulu avant de passer au morceau voisin.

On dépose le blanc avec le pinceau, mais pour achever il faut opérer avec l'aiguille emmanchée dans le bois et amincir à l'aide de sa pointe et toujours en tournoyant la surface du blanc déposé eu goutte épaisse de façon à donner à la pâte l'épaisseur graduée qui convient au modelé, car il faut penser que ce sera après la cuisson le plus ou moins d'épaisseur du blanc qui, laissant apercevoir plus ou moins la transparence du fond imitera les demi teintes et donnera de la finesse au modèle.

Le blanc qu'on emploie à la lavande grasse sèche **assez vite** surtout s'il fait chaud, aussi le morceau qu'on vient de terminer étant bientôt sec deviendra blanc mat, si l'on entreprend un morceau à côté il ne deviendra mat que quand il sera sec comme la partie terminée précédemment.

L'emploi de l'aiguille et du pinceau s'alterne et se succède si l'aiguille enlève trop, le pinceau en remet; ce travail ne peut se faire que pendant que la pâte du blanc déposé est encore fraiche, sans être liquide, mais à une consistance suffisante pour ne pas écailler sous l'aiguille et qui ne laisse pas l'aiguille tracer un sillon dans la surface qu'on s'occupe à modeler. Il ne faut pas craindre d'exagérer un peu l'épaisseur du blanc en songeant que le feu l'applatit presque de moitié.

On doit être très attentif à graisser toujours de la même manière, le blanc pendant tout le temps qu'on met à établir l'ébauche et à ne pas trop charger les demi teintes, la beauté du travail étant dans la transparence et l'heureuse dégradation des ombres. Après avoir cuit l'ébauche ou la rechargera du même blanc et selon la saillie qu'on veut donner à l'ensemble, et on opérera comme précédemment au pinceau et à l'aiguille; ou rebouchera bien soigneusement les écartements de couleur, et on usera s'il est nécessaire très soigneusement avec la pierre à user, la ponce ou le tuyau de pipe et de l'eau ce qui aurait pu bouillonner au feu.

Les ouvrages Limousins demandent une grande habitude. On les colorie avec des couleurs à porcelaine, mais (très-légérement si l'on veut être de bon goût) ce sont des lueurs de couleurs naissantes qui s'appliquent en derniers feux, les ors dont on voudrait rehausser certaines parties, sont de l'or en coquille appliqué au pinceau et contenant assez de fondant pour n'exiger qu'une cuisson très légère qui équivaudrait au feu d'or de porcelaine tendre plus léger que son feu de retouche.

Pour réussir, il faut être bon dessinateur et choisir après une succession d'essais, un blanc qui marche bien avec l'émail du fond ce qui se voit quand les gouttes de blancs qu'on essaye sur l'échantillon sont d'un beau blanc soutiennent sans trop baisser à la cuisson, l'opacité dans l'épaisseur ; font bien la goutte de suif graduellement mourante et ont une jolie transparence opaline dans la minceur. Certains blancs se crassent au feu, d'autres bouillonnent, d'autres se fondent. Le bon blanc ne doit avoir aucun de ces inconvénients et il doit avant tout glacer autant que l'émail du fond noir ou bleu sombre.

Dans les arts céramiques en général il y a une partie chimique de la plus haute importance, dont l'artiste spécialement peintre ne peut embrasser toute l'étendue et qui est surtout essentielle au fabricant dans chaque branche d'industrie. Nous dirons ici comme généralité, que le fond des émaux n'est autre chose que de l'étain, du plomb, du fer, de l'acier du cuivre, de l'or, de l'argent, du safre (oxide de cobalt) de la soude (anciennement dite salicor) de la cendre gravelée, de la litarge (oxyde de plomb demi vitreux qui entre dans la composition du crystal et les potiers s'en servent pour donner à certaines poteries la couleur de bronze. En outre il y a : le manganèse qui ne fond qu'au plus violent feu de forge demi métal qui en petite quantité est employé à blanchir les glaces et en plus grande abondance les teint en violet, c'est lui qui donne l'émail brun et noir pour toutes les poteries, et l'antimoine que les alchimistes appelaient Regolus petit roi, à cause des propriétés innombrables et merveilleuses qu'ils lui avaient trouvé et dont on dit que le moine Basile Valentin ayant fait l'essai sur ses confrères de couvent comme purgatif les avait empoisonnés d'ou est venu le nom d'anti-moine. L'arsemic, l'acide stannique sont employés à la coloration des émaux opaques. L'antimoine mêlé à 4 parties de borax colore le vert en jaune. Mêlé à huit parties de borax le colore en vert.

Les émaux dits cloisonnés

Sont ceux qui généralement transparents s'emploient sur métal couchés à plat et bordés d'une sorte de saillie ou cloison servant à limiter le champ sur lequel on les pose.

Les Persans, les Indiens, les Chinois et les Japonais ont fait des plats, des cafetières et autres ustensiles enrichis d'émaux cloisonnés : la bijouterie et l'orfèvrerie du temps de

Charles IX et de Henri II en ont aussi fourni de beaux spécimens.

Le cuivre n'est pas favorable à recevoir les émaux translucides, mais les émaux opaques. Quand on veut appliquer sur du cuivre des émaux clairs, il faut d'abord mettre de l'émail noir ou verre noir et y superposer une feuille d'argent, on peut alors y superposer l'aigue marine, l'azur, le pourpre le vert qui s'accommodent de l'argent et en tirent un bel effet.

L'or reçoit indifféremment tous les émaux opaques et clairs il doit être choisi très fin pour ne pas plomber le ton des émaux clairs. Les émaux clairs, les meilleurs sont les plus durs parmi lesquels on choisit ceux qui perdent le moins eur couleur au feu. La fabrication de ces couleurs ne saurait trouver place ici.

FAIENCE

Les argiles seules, qui sont grises et jaunes, donneraient au feu une poterie très-dure et très-solide ; mais pour que la pâte puisse recevoir la couverte qu'on désigne en fabrication sous le nom d'*émail*, et constituer ainsi la faïence, on y mélange la 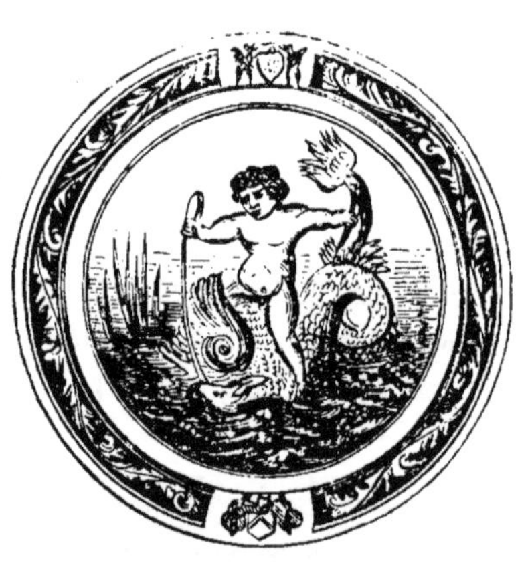 marne qui apporte une certaine proportion de chaux.

La composition chimique de la pâte à faïence de Nevers, d'après l'analyse qu'en a faite M. Salvetat, chimiste de la manufacture de Sèvres, est la suivante :

    Silice 56,49
    Alumine 19,22
    Chaux. 14,96

Magnésie	0,71
Oxyde de fer.	2,12
Acide carbonique . . .	6,50
Total. . . .	100,00 parties.

Cette composition présente des différences notables avec celle des poteries italiennes provenant de la terre qu'on trouve à Urbino.

Peinture de la Faïence

Les émaux appliqués sur terre, sont les émaux opaques et constituent la faïence. La peinture dite sur cru, cuisant au grand feu de four s'applique sur la terre cuite.

Par émail cru on entend un émail à base d'étain qui forme sur la surface de la terre cuite un enduit pulvéruleux très fragile et spongieux sur lequel on pose les couleurs décorantes métalliques qui cuisent ensuite au grand four dont la température reste au rouge blanc pendant vingt-huit ou trente heures, fondant et vitrifiant le tout ensemble. On juge de la difficulté de ce genre de peinture, qui ne comporte qu'une perfection de fini relative et qui par conséquent n'est applicable qu'à la décoration à grand effet d'un très heureux emploi pour des revêtements extérieurs de cours, ou intérieurs de salle à manger, de serre pour les fleurs. Les orientaux en décorent particulièrement bien leurs mosquées.

La peinture sur cuit — c'est-à-dire sur l'émail déjà cuit — sur faïence française ou anglaise, est d'une exécution très facile pour les amateurs, comportant une certaine liberté de pinceau qui tient au lavis de l'aquarelle franche, elle donne toujours une fort belle glaçure. On peut s'y exercer sur des assiettes qui se vendent à très bas prix qu'on nomme assiette de restaurants, pouvant également servir à étudier la porce laine tendre au besoin.

On en trouve, rue St-Jacques Rousseau, en face de la poste elles sont en porcelaine tendre de Bettignies.

Voici une liste de couleurs pour une palette applicable, facilement à la faïence fine et à la demi porcelaine, dite percelaine opaque :

Le jaune d'Urane, les jaunes foncés, jaunes moyens et jaunes clairs de la palette (porcelaine tendre), les jaunes clairs anglais, le jaune ivoire (de la dure). Un vert noir équivalant du vert 39 de Sèvres, un vert clair équivalent du 36 tendre de Sèvres, le violet Manganèse, les beaux bleus de Colville Guyonnet ou de Morteleque les verts bleus, le vert 4 morteleque de porcelaine tendre, quelques violets de fer foncé, toutes les couleurs d'or, carmins et pourpres.

Les fabricants de couleurs vitrifiables ont des assortiments pour la faïence sur cru ou sur cuit et savent indiquer sur quelle faïence ils sont applicables.

Le mécanisme des mélanges est analogue à celui de la palette de la porcelaine tendre.

Le violet manganèse seul ou avec le vert noir peut faire un très beau noir pour sertir le contour ou trait de certains décors.

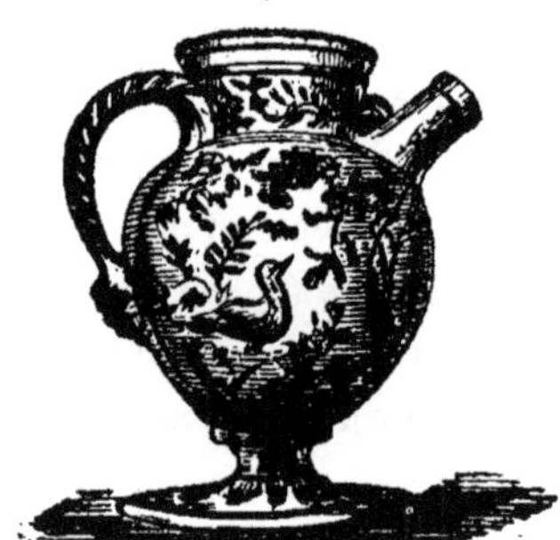

Peinture sur porcelaine dure

A haute température dite demi grand feu. (Méthode F. Richard.

Les procédés que nous donnons ici et dont nous devons la bienveillante communication à notre collègue et ami M. François Richard qui en est l'auteur, ont valu à cet industrieux et persévérant artiste l'honneur de lettres de félicitations accompagnées de récompenses non moins flatteuses de la part de S. Exc. M. A. Fould, ministre de la maison de l'Empereur et des Beaux-Arts en 1859, et, en dernier lieu, de S. Exc. M. le maréchal Vaillant, ministre actuel de la maison de l'Empereur et des Beaux-Arts. Le public avait déjà eu l'occasion de remarquer plusieurs essais de peintures de ce genre exécutés par M. Richard et particulièrement une plaque de figures d'après Boucher exposée au salon de 1861.

La manufacture impériale de Sèvres qui, en France comme
à l'étranger, tient toujours glorieusement levé le drapeau du
progrès et du bon goût aux expositions, offre en ce moment
de riches et nombreux spécimens exécutés par les mains les
plus habiles au moyen de la palette demi grand feu. C'est une
véritable révolution qui s'opère en céramique, dont l'éclat re-
jaillira nécessairement sur toutes les industries porcelainiè-
res depuis les poteries les plus communes jusqu'aux produits
les plus somptueux de la fabrication.

L'ingénieux mécanisme de cette palette consiste à établir
pour toutes les couleurs mères telles que le rouge, le jaune,
le vert, etc., etc., une sorte de trinité de fusibilité, c'est-à-
dire à subdiviser chaque couleur en trois paquets préparés
par le chimiste dans trois états de fusibilité dont le degré est
désigné sur chaque paquet par les lettres D pour le degré le
plus dur, O pour le degré des couleurs de la palette ordinaire
et T pour le degré de fusibilité le plus tendre. Cette classifi-
cation guidera le peintre dans le choix et l'emploi des couleurs qui, mélangées ou combinées par superpositions intelli-
gentes, doit produire, après la cuisson spéciale, une glaçure ex-
ceptionnelle, uniforme et supérieure, rivale de l'émail et de
la plus belle pâte tendre.

Comme dans la peinture sur porcelaine tendre les couleurs
à base d'or mélangées aux jaunes ou combinées avec eux par
superposition forment les principes de tous les rouges, de
même dans la palette du demi grand feu on emploie les couleurs à base d'or, mais on peut en plus se servir avec avantage des couleurs de fer, qui n'ont pas d'emploi dans la porcelaine tendre. On doit cependant éviter de les mêler aux
couleurs d'or.

En faisant l'inventaire des couleurs qu'on échantillonnera
depuis la grande épaisseur en la dégradant jusqu'à la grande
minceur mourant sur le blanc, on remarquera qu'une couleur
d'un paquet marqué D, c'est-à-dire dure, écaille à trop grande
épaisseur et est dépourvue de tout glacé dans le mince; que
les couleurs des paquets marqués O ou ordinaires c'est-à-dire
moins dures, échantillonnées dans les mêmes conditions, ne
glacent bien que dans la moyenne épaisseur ; et que les cou-

leurs des paquets marqués T ou tendres glaçent le mieux.

D'après ces observations, on concluera que : les couleurs T devront servir toujours pour aider un ton quelconque dans la lumière à venir ne faire qu'un avec le blanc de la porcelaine, les couleurs D, sont destinées à donner au ton la puissance dont on a besoin et les couleurs T ou tendres seront pour éclaircir et faire glacer les couleurs O ou ordinaires. Ces dernières établiront l'homogénéité de glaçure entre les trop tendres et les trop dures, par le moyen du mélange ou par superpositions de glacis combinés. On ne fera usage des blancs et des jaunes fixes qu'avec une extrême réserve le blanc de l'émail de la porcelaine à qui on laisse jouer son rôle de lumière dans la transparence des couleurs semble préférable.

Selon M. Richard, la peinture au demi grand feu est à l'aquarelle ce que la peinture sur porcelaine tendre est à la gouache. Mais il ne suffit pas que le travail du peintre de décors ornemental, du fleuriste, du paysagiste ou du figuriste ait été exécuté dans les conditions recommandées ci-dessus pour réussir ; il faut encore des feux appropriés aux moyens; et il n'y a que le demi grand feu qui puisse opérer le complet développement et la belle fusion des couleurs et donne au travail de l'artiste l'aspect limpide et éclatant d'une peinture incorporée dans l'émail, qualité éminemment céramique.

Le seul moyen de contrôle d'une bonne cuisson, consiste dans l'examen de la montre cuite.

On pose avec soin au pinceau sur la fiche de porcelaine qui sert de montre 1° une lèche de bleu dur dégradée depuis la plus grande épaisseur jusqu'à la minceur mourante sur le blanc, 2° une autre lèche de carmin foncé n° 3 et 3° une dernière lèche de pourpre anglais, La dite montre après une bonne cuisson doit présenter : 1° le bleu dur bien développé et glacé, 2° le carmin tout à fait *décomposé*, 3° le pourpre développé, bien glacé, et surtout sans aucun voile.

Le pourpre anglais étant la couleur la plus susceptible aux influences accidentelles d'émanations ou d'humidité se voile immédiatement dès que la moufle n'a pas été bien assainie.

La cuisson du feu doit être conduite vivement et d'une façon continue ; toute lenteur appauvrit et dessèche les fondants des couleurs. Elle rend la glaçure des couleur impossible ou incomplete. Les moufles à un seul alandier suffisent pour la cuisson des pièces moyennes ou ordinaires : mais des moufles à 2 ou 4 alandiers seraient préférables pour les grandes pièces.

Ne pourrait-on pas lorsqu'on a chauffé vivement jusqu'au rouge avec le bois venir ensuite avec la houille enlever la cuisson ? Telle est la question que M. Richard propose et soumet à l'expérimentation de l'industrie.

OBSERVATION

sur les couleurs de la palette ordinaire ancienne échantillonnées et cuites au 1|2 grand feu

---

Les couleurs qui gardent leurs tons sont :

Le rouge 64, le jaune 45 foncé, le jaune 49 ocre, le jaune 50 ocre, le brun de bois 70.

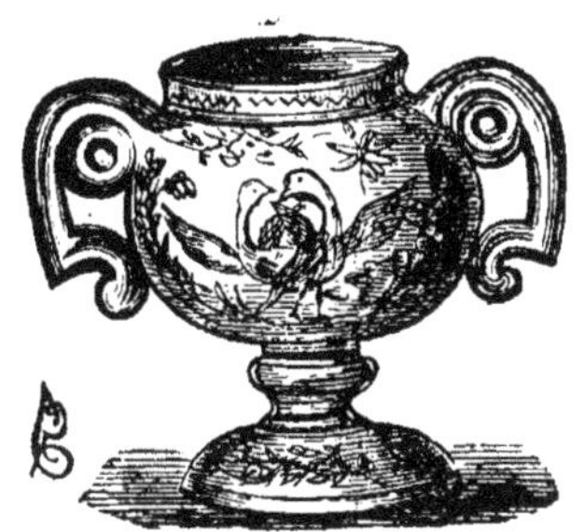

Le jaune 50 B ocre brune se développe.

Le brun roussâtre 68, se pointille.

Le bleu 24 se pointille.

Le gris jaunâtre 14 éclaircit.

Le rouge violâtre 63 A prend un ton chocolat au lait.

Le violâtre foncé 66 B se pointille.

Le brun rouge 67 devient une espèce de gris rosâtre.

Le bleu 28 de ciel trésaille.

Le vert 38 olive devient très beau.

Le vert 36 dur devient vert pois foncé.

Le violet d'or 65 devient très beau.

Les pourpres passent au rose.

Le noir foncé 19 devient ardoisé et pointillé.

Le gris n° 17 se pointille un peu et violasse.

Le gris foncé 12 passe au ton du gris bleu 15.

Pour vérifier la cuisson de la peinture au 1|2 grand feu, on se sert d'une montre qui porte une lèche de carmin au lais foncé ordinaire n° 3 et une lèche de bleu 24 Magnier ou Guyonnet. Quand le demi grand feu a été suffisant, le bleu devient très glacé et le carmin passe au violet sale. Les mélanges de violet d'or avec divers jaunes font des espèces de violets de fer, plus ou moins chauds,

Dans les parties minces et claires de certaines couleurs claires qui viennent mourir en touches minces sur le fond blanc de la porcelaine on ajoute un peu de fondant général qui peut aller avec tout, excepté les violets, les pourpres et les carmins. On peut y ajouter un peu de fondant avec une pointe de jaune anglais clair.

Palette pour du paysage au I|2 grand feu

Jaune clair 41 B à mêler, le jaune buffle n° 50, le jaune d'urane 45, le brun Morteleque 103, tous les verts anglais.

Le bleu 24, de ciel tendre le 65 pourpre 1|2 grand feu.

Une petite balance avec ses poids est fort souvent utile pour doser les parties d'un mélange, car les couleurs sont plus ou moins lourdes et plus ou moins teingeantes.

Les jaunes sont de toutes les couleurs vitrifiables les plus pesantes les rouges de fer viennent ensuite les couleurs d'or sont plus légères.

Peinture matte sur biscuit

Cette peinture est dépourvue de glacé. S'exécute sur le biscuit blanc avec des couleurs à porcelaines dans lesquels on a mis du biscuit pilé.

PEINTURE SUR VERRE

—

Le verre et les moyens de le colo-
rer étaient connus dans l'antiquité,
mais l'art de représenter par les couleurs vitrifiées un dessin quelconque
est d'une époque plus récente.

Les plus anciens vitraux qui nous
restent sont ceux du treizième siècle
auxquels leur exécution caractéris-
tique a été d'abord exclusivement ré-
servée à la décoration des églises.
Ils nous montrent, par la grandeur
de leur destination, un but aussi
moral que physique. Des fils de

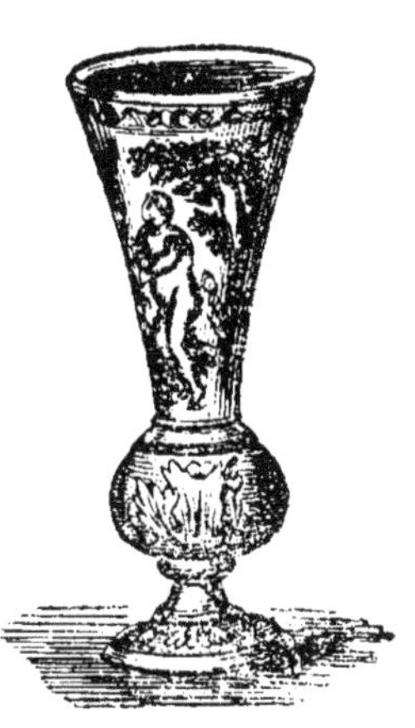

plomb en réunissent toutes les parties nécessaires pour leur
solidité qui, en les sauvant de la destruction, sert encore à
arrêter des contours que l'œil et l'imagination auraient peine
à voir : la vivacité de leurs couleurs, l'absence de modelés et
de demi-teintes, ainsi que leur exagération de trait s'expli-
que également par la hauteur où ces peintures sont ordinairement placées et l'effet tout monumental qu'elles doivent
produire.

Les vitraux que l'on fit plus tard furent encore plus soignés
sous tous les rapports ; on augmenta, par les recherches, le
nombre des couleurs, leur fabrication s'étendit également.
Les plus grands artistes, tels que les Pinaigrier et les Jean
Cousin illustraient cet art à cette époque, et représentèrent
souvent, sur un morceau de verre, comme sur une toile, des
sujets dus à leur génie, compliqués et d'un fini toujours mi-
nutieux et irréprochable.

L'exécution des vitraux exige un grand matériel, et ne
peut se faire que dans les manufactures spéciales, vu le nombre d'ouvriers de différentes parties qu'ils occupent tous sou-
mis à une direction générale. Les sujets peints sur un seul
verre ne prennent pas tant de main-d'œuvre ; ils se font au

chevalet. Leur exécution est la base des grands vitraux, qui se compliquent ou se simplifient tellement, qu'ils exigent plutôt l'intelligence de la situation qu'une explication de tous leurs détails.

La première chose nécessaire est le carton-modèle fait par un artiste dessinateur, sur lequel doivent être indiqués tous les fils de plomb et les couleurs ; le vitrier découpe son verre dessus en le choisissant de la couleur nécessaire et le prépare ainsi à être travaillé morceau par morceau ; quelquefois même on prend un verre d'une couleur sur laquelle il faut en mettre une autre à certaines places. Pour cela il ne faut pas que le ton primitif soit dans la pâte, mais sur une surface du verre ; alors le graveur à l'émeri enlève la couleur dans les endroits nécessaires, que l'on colore ensuite du ton convenable. Ces teintes, mises ainsi après coup, ne sont jamai aussi belles que les autres.

Après la première peinture, tous les morceaux se mettent sur des plaques en fonte couvertes de chaux dans une moufle maçonnée, ensuite hermétiquement fermée comme pour la peinture sur porcelaine. L'on chauffe en dessous pendant quelques heures, et on laisse bien refroidir le tout avant de défourner. C'est alors que l'on retouche et colore ; le dépoli, dont nous parlerons plus loin, se met également par derrière. et l'on recuit. Quand ce vitrail est bien terminé comme peinture, on met les morceaux en plomb et les grandes parties dans un châssis de fer. Voilà à peu près tout ce que comprend l'établissement d'un vitrail. Le plus grand soin en toutes choses est nécessaire, car le moindre oubli ou accident entraîne souvent à recommencer tout un long travail. Les couleurs sont les mêmes que pour la porcelaine ; seulement, on ne les emploie pas de la même manière ; tout se peint à la grisaille, et après une cuisson, on colore avec les acides et oxydes métalliques. Les autres choses nécessaires sont une palette en verre et ses accessoires. Pour la grisaille à l'essence deux godets, pour l'essence de lavande et la térébenthine, des pinceaux à plumes et des brosses en soie de porc, pour modeler; un chevalet, espèce de châssis carré dont le vide est rempli par une glace sur laquelle on pose son verre. Lorsqu'on travaille plusieurs morceaux à la fois pour un su-

jet qui passe de l'un à l'autre, on les maintient dans les posi-
tions qu'ils doivent occuper, avec des boulettes de cire. On ne
peut pas peindre immédiatement sur le verre ; il faut avoir
passé dessus une teinte de grisaille à l'eau. Pour cela, on
place son verre, bien net, horizontalement ; on le barbouille
avec un pinceau de grisaille à l'eau ; puis l'on étale vivement
la teinte en tous sens avec de grosses brosses à modeler, et
c'est sur ce fond que l'artiste travaille, mais à l'essence, pour
qu'il ne se délaie pas de nouveau ; car, de même que l'eau ne
peut effacer l'essence, l'essence n'efface que difficilement les
teintes à l'eau. Le dessin ne peut se faire sur le verre ; il
faut l'avoir préalablement arrêté, puis le transporter sur un
papier à calque que l'on colle aux quatre coins derrière son
verre, et à travers de la grisaille, rendue encore plus transparente lorsqu'elle est mouillée, vous apercevez très distinc-
tement vos contours ; pour cela, un beau jour derrière son
chevalet est une chose nécessaire.

Vous commencez ensuite à peindre en mouillant d'abord le
fond avec la lavadde pour que les teintes prennent mieux et
puissent se modeler avec les brosses. Il faut savoir aller vivement pour ne pas laisser sécher le fond, car alors le travail
n'est plus possible ; et si l'on voulait remouiller une place
commencée, l'essence effaçant les teintes à l'essence, on dé-
détruirait le travail déjà fait. On ne doit pas craindre non
plus de faire un peu foncé, car, après la cuisson, les grisailles diminuent de force. Cela tient à l'essence grasse que l'ouvrier mélange avec, pour l'empêcher de sécher trop vite ; il
faut donc s'efforcer d'en employer le moins possible. Après
une cuisson, on peut facilement corriger et même repeindre
tout un sujet sans avoir besoin de remettre un nouveau fond.
Les autres couleurs se mettent de la même manière. Généralement, on éclaire avant d'ombrer, c'est-à-dire que l'on enlève
la couche à l'eau dans les parties les plus claires, puis l'on
se sert de cette couche elle-même comme demi-teinte ;
ensuite les ombres sont mises, comme nous l'avons dit, avec
la grisaille à l'essence, au pinceau et à la brosse. La peinture
finie, on enlève tout autour de son sujet la grisaille à l'eau
qui est de trop ; mais, pour que les clairs paraissent exister,
il faut le dépoli derrière le verre ; on peut aussi laisser la

teinte à l'eau sur toute la surface ; alors, au lieu d'avoir nn fond blanc pour son sujet, on a un fond gris. On se sert pour éclairer, d'un morceau de bois pointu pour les blancs coupés net, ou d'aiguilles réunies en faisceau pour pouvoir faire les finesses.

Voilà la principale manière de travailler les choses d'art ; elle est assez compliquée, surtout en théorie, mais on ne peut que la simplifier pour les choses moins importantes. Ainsi les ornements au trait, par exemple, n'ont pas besoin d'être faits au chevalet ; on pose le verre sur le carton, et sans autre préparation, on les calque au pinceau.

Couleurs des verriers

Oxyde de cobalt (bleu saphir).

Bi-oxyde de cuivre (bleu céleste).

Oxyde de chrôme (vert émeraude).

Oxyde de fer des battitures (vert bouteille).

Cuivre métallique ou protoxyde de cuivre (rouge pourpre).

Peroxyde d'Uranium (jaune à reflets verdâtres).

Chlorure d'argent (jaune orangé couleur de moufle).

Verre d'Antimoine (jaune commun).

Bioxyde de manganèze (violet).

L'or (rose ou rouge).

Le verre noir se produit à l'aide des oxydes, de manganèze, de fer, de cobalt mêlés en parties égales.

Le verre opale blanc laiteux s'obtient en ajoutant au verre blanc une certaine quantité de phosphate de chaux des os, ou au moyen de l'acide arsenieux.

L'émail-blanc est l'oxyde d'étain (acide stannique) souvent associé à l'oxyde arsénieux.

Dépoli

On appelle verre dépoli celui qui, nuancé ou non, a été terni par une couche d'émail blanc répandu sur une de ses surfaces. Cette couche se compose uniquement de matières vi-

trifiables et blanches telles que cristal, verre et arsenic tritu-rés ensemble dans un mortier et ensuite broyées à l'eau dans un moulin de porcelaine de fabrication spéciale, pendant très-longtemps ; après on le couche à la brosse sur la surface du verre, et on le cuit. On dépolit ainsi les vitraux de couleur dans les endroits nécessaires, tels que les figures et les drape-ries ; cependant on conserve également beaucoup de parties intactes, comme les fonds et les ornements de coulenr, et cela quelquefois sur un même morceau.

Verres mousselines

On trouve maintenant dans le commerce, de beaux verres dépolis appelés verres mousselines ; ils ont à peu près la même destination que les stores ; seulement, ils s'emploient plus souvent dans les intérieurs pour éclairer, sur d'autres pièces, celles qui sont dépourvues de jour direct.

On ne peut que difficilement s'imaginer la facilité avec la-quelle ils s'exécutent, malgré leurs ornements si composés et leurs riches bordures. Ce sont des femmes ou des enfants qui les préparent pour être cuits ; pour cela, après que la couche de blanc est posée généralement et qu'elle est bien séchée avec des plaques de cuivre où sont découpés par le graveur les ornements qu'on veut représenter, on enlève facilement, à l'aide d'une brosse, le blanc partout où le cuivre manque, tout en prenant bien garde d'écorcher la couche en changeant la plaque de place, car elle n'est jamais aussi grande que le verre à exécuter ; alors des points de repère et de petites en-tailles aident à se remettre d'équerre ; après la cuisson, on

les colore s'ils doivent l'être. On en fait aussi à double dépoli
ce sont des verres qui malgré le dépoli où sont ménagés les
ornements, en ont encore un autre général sur l'autre face :
on obtient ainsi des ornements blancs sur un fond d'un blanc
plus opaque.

IMITATION DE VITRAUX
ou
l'art de décorer soi-même le verre

Plusieurs procédés sont depuis longtemps en vigueur pour
imiter les vitraux peints. Ces
procédés sont loin d'être satis-
faisants, soit comme durée, soit
comme propreté, puis n'offrent
aucune solidité.

J'offre aujourd'hui au public
une nouvelle méthode de décorer soi-même ses vitres, sans
avoir recours au découpage ni
au collage qui empêchent de
nettoyer les carreaux décorés
par ces différents systèmes.

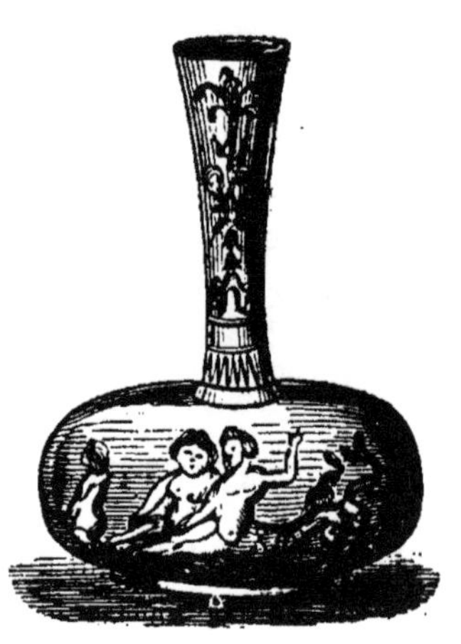

J'ai voulu faire connaitre à tous et mettre à la portée de
tous la décoration des verres à vitres avec toute l'illusion des
vitraux émaillés sans en avoir les embarras et les difficultés.

Voici la manière de procéder aussi simple que facile :
Vous calquez ou dessinez, si vous le savez, sur du papier
glacé l'objet que vous voulez reproduire, puis vous le décou-
pez à la manière de la peinture orientale. Lorsque ce travail
est fait, vous prenez avec les mêmes pinceaux dont on se sert
pour cette peinture de la couleur broyée au vernis copal avec
du siccatif, puis vous frottez en tournant le pinceau sur lui-
même en ayant soin d'éviter d'en mettre trop sur les bords,
ce qui autrement occasionnerait des bavures.

Le papier sur lequel vous devez opérer doit être préparé
de la manière suivante :

Vous devez faire fondre de la dextrine dans de l'eau en quantité suffisante pour obtenir une matière gluante que vous étendez sur votre papier, puis le laisser sécher ; maintenant, votre papier imprimé de la façon indiquée, vous l'appliquez sur votre vitre que vous avez eu soin de mouiller faiblement ; vous appuyez sur les parties coloriées avec le doigt en mouillant aussi l'envers de votre papier. Lorsque vous jugez que la pression est assez exercée, vous enlevez votre feuille de papier avec soin et la peinture seule reste adhérente au carreau ; vous laissez sécher cette peinture, puis, lorsqu'elle est sèche à pouvoir supporter le frottement du doigt, vous lavez et nettoyez votre carreau avec de l'eau simplement, et vous avez une imitation parfaite des vitraux si coûteux et qui ne peuvent prendre place généralement que dans les grands édifices à cause de leur cherté.

TABLE

—

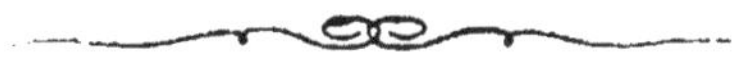

RENSEIGNEMENTS

UTILES

aux amateurs & aux industriels

—

Bibliographie céramique Brogniart, traité des arts céramiques, 2 volumes, Paris.

Leçons de céramique à l'école centrale des arts et manufactures. Salvetat, chef des travaux chimiques à la manufacture impériale.

Histoire et description du Musée de Sèvres, par M. Riocreux, conservateur.

Emailleurs et fayenciers de Limoges, par l'abbé Texier, 1843 à Poitiers.

La faïence et les émailleurs de Nevers, par M. L. Dubroc de Ségange, 1 volume publié par A. Bry.

Manuel du porcelainier-fayencier et du potier de terre par **Boyer**, 2 volumes.

L'art du feu ou de peindre en émail dans lequel on découvre les plus beaux secrets de cette science. Ancien ouvrage curieux, par Jacques-Philippe Ferrand, peintre du Roy, MDCCXXI, avec privilège du Roy.

Inventions décoratives choix de compositions décoratives et motifs d'ornementations par M. Solon, sculpteur attaché à la manufacture impériale de Sèvres.

—

Adresses des fabricants de couleurs et outils nécessaires aux industries céramiques, etc.

—

Pinceaux pour la porcelaine, l'émail, la faïence. — Samuel, 32, rue de Malte.

Delanoye. 119, rue St-Maur.

Ancienne maison Lero-Mallet, rue Réaumur, 29, cour St-Martin, Articles généraux de la peinture sur porcelaine. Essences de térébenthine, lavande, etc. Palettes, couleurs, couteaux, etc., tout ce qui a rapport à l'outillage du peintre.

Brunissoirs pour la dorure sur porcelaine. — Celis Théodore, 54, faubourg du Temple.

Palettes à trous en porcelaine ou en verre. Glaces à broyer, etc. — Dubourguet, 21, rue St-Jacques.

Plaques pour la porcelaiue. — Gille, rue de Paradis Poissonnière, 28, grande fabrique de porcelaine blanche et décorée, faïence, etc.

Clauss, 8, rue Pierre Levée.

Honoré, fabrique de porcelaine décorée, 6, Boulevard Poissonnière.

Plaques pour l'émail. — Charlot, 5, rue Montmorency.

Langry, 18, rue Bouchardon, ancien impasse de la pompe, rue de Bondy. Découpeur et repergeur de porcelaine, enlève les couleurs sur la porcelaine, fournit des plaques de toutes formes et pâtes, débite et taille les pierres dures pour les bijoutiers et opticiens.

Cuisson. — Chez tous les fabricants de porcelaine et dans les ateliers de peintres décorateurs sur porcelaine de la rue de Paradis Poissonnière.

41, Faubourg du Temple, Caille, cuisseur de porcelaine et faïence.

Fourneaux, moufles et creusets. — Brunet, successeur de Thollot, 6, rue Bourg Labbé.

Binet, impasse St-Sabin, donnant rue Popincourt.

Guyonnet Colville, couleurs vitrifiables en tous genres pour la porcelaine l'émail la faïence, plaques d'émail palettes 34, rue des Vinaigriers, faubourg St-Martin.

Dubois, successeur maison *Morteleqne*, 156, faubourg St-Martin, toutes les couleurs vitrifiables sur pâte dure et tendre pour cristal vitraux, peinture sur lave et les diverses faïences.

Bunel fils, successeur de Bunel père, ancien chimiste de la manufacture de Sèvres, 9, rue des Récollets. Toutes les couleurs vitrifiables.

Pinard, peintre et chimiste, couleurs vitrifiables et pour faïence, 7, rue des Récollets.

Pinaud, 9, rue Corbeau, couleurs à porcelaines.

Lacroix, chimiste, couleurs vitrifiables en général, rue

Parmentier, au coin de la rue Claude Vellefaux, près l'hôpital Saint-Louis.

Chapelle, couleurs vitrifiables anglaises, 19, rue Rochechouart.

Emaux. — 99, rue Beaubourg, Mme Boudet, émail blanc pour perle, 16, rue Chapon.

Ateliers de décors sur porcelaine

M. Jaquel, n° 3, rue de la Paix.

M. Gillet, n° 7, rue Fénélon.

M. Desforges, 4, rue Meslay.

Emballage de porcelaine, M. Chenne, emballeur de la manufacture impériale de Sèvres, 24, rue Croix des Petits Champs.

Céramistes-Faïenciers

M. Charles Longuet, Faïences artistiques d'art des meilleurs styles, industrie des plus remarquables sous le rapport du goût et de la fabrication Médailles aux exposition. — 48, rue Halley, ancienne avenue de la Santé, route d'Orléans.

Deck, faïences d'art, médailles aux expositions, 46, Boulevard Saint-Jacques.

Jean, idem, 32, rue d'Assas.

Machines pour la fabrication mécanique de tous les produits céramiques. Durand François, ingénieur, n° 11, rue Claude Velfaux.

Roubaix, Imp. LESGUILLON

Histoire de la Statuaire antique, son origine, ses développements et sa décadence chez les différents peuples, par L. VAFFIER, 1 vol. 3 fr.

Dictionnaire universel des Beaux-Arts, Architecture, Sculpture, Peinture, Dessin, Gravure, Poésie, Musique, etc., suivi d'un DICTIONNAIRE D'ICONOLOGIE, Un volume, grand in-18. . . . . . 1 fr. 50

La Perspective, expérimentale ou l'Orthographe des formes, 1 volume in-8º, orné deplanches. . . . . , . . . , . . 1 fr.

Traité de Paysage, avec planches d'études graduées, 1 volume in-8º. par GOUPIL. . . . . , ... 1 fr.

Manuel général de l'ornement décoratif, appliqué aux embellissements extérieurs et intérieurs, aux tentures, à l'ameublement, aux vases, au costume, à la composition des jardins, etc. 1 vol. in-8º avec planches. . . . . 1 fr.

Le Dessin expliqué, mis à la portée de toutes les intelligences. 1 vol. in-8º, orné de 30 sujets d'étude. . . . . , . . . 1 fr.

L'aquarelle et le Lavis, par GOUPIL, 1 volume in-8º, avec planch. 1 fr.

Le Pastel, par GOUPIL, 1 vol. in-8º, avec planche, ... 1 fr.

La Peinture à l'huile, suivie d'un Traité de la restauration des tableaux, par GOUPIL, 1 volume in-8º. . . . . 1 fr.

La Miniature, 1 volume avec planche d'étude . . . . . . 1 fr.

La Photographie pour tous, traité simplifié, 1 vol. in-8, 1 fr.

Guide du Peintre-Coloriste, comprenant le coloris des gravures lithographies, vues sur verre pour stéréoscope ; du Daguerréotype et la retouche de la Photographie à l'aquarelle et à l'huile par C. LEFEBVRE, 1 volume in-8º . . . . 1 fr.

Traité de la Gouache, pour tous les genres, 1 volume in-8º. 1 fr.

Manuel général du Modelage, EN BAS-RELIEF ET EN RONDE-BOSSE. DE LA SCULPTURE ET DU MOULAGE, ouvrage orné de planches, augmenté d'un grand nombre de procédés nouveaux, utiles et agréables aux amateurs, par GOUPIL, professeur de dessin et élève d'Horace Vernet . . . . 1 fr. 50

Géométrie et Dessin linéaire familier, suivi du Dessin d'après nature, sans maître, orné de 250 figures, par Goupil, 1 volume in-8. 2 fr.

Photographie-ivoire, ou l'Art de faire des miniatures sans savoir ni peindre, ni dessiner, par Pinot, 1 volume in-8 . . . . . 6 fr.

Cinq Manuels artistiques et industriels, mis à la portée de tout le monde, le premier volume contenant les Traités de Dessin industriel, de Morphographie, des Ombres, Hachures et Estompes, de Géométrie, etc, avec 22 planches d'étude . . . . 1 fr.

Les quatre autres volumes in-18 complètent une encyclopédie artistique variée : ils se vendent 1 fr. chaque et 5 fr. les 5 volumes.

Roubaix, Imp. Lesguillon, rue du Vieil-Abreuvoir, 11